AF290354

Andreas Kolipost

Hamburg kostenlos
3

Andreas Kolipost

HAMBURG KOSTENLOS

BAND 3
„TIPPS, HILFEN UND UNTERSTÜTZUNGSANGEBOTE"

Impressum

Bibliografische Information der Deutschen Nationalbibliothek:
Die Deutsche Nationalbibliothek verzeichnet diese Publikation in der
Deutschen Nationalbibliografie; detaillierte bibliografische Daten sind im
Internet über http://dnb.dnb.de abrufbar.

© 2020 Andreas Kolipost

Herstellung und Verlag: BoD – Books on Demand, Norderstedt

ISBN: 9783752612073

Inhaltsverzeichnis

Vorwort:

Ich freue mich, Ihnen die erste Auflage des Buches „Hamburg kostenlos" vorstellen zu können.

In diesem Buch, aufgeteilt in vier Bände, finden Sie Hilfsangebote, Freizeitmöglichkeiten, Beratungsstellen und vieles mehr. Es werden besonders Menschen mit einem kleinen Einkommen angesprochen, also ALG II Empfänger, Menschen mit kleiner Rente (Grundrente), Berufstätige, die aufstocken müssen, Asylbewerber und alle, die sich angesprochen fühlen und mit wenig Geld auskommen müssen.
Im ersten Band stelle ich Ihnen einen Fundus aus dem Bereich „günstiges einkaufen" vor.
Der zweite Band befasst sich mit den Angeboten rund um Freizeit und Kultur, sehr vieles davon kostenlos.
Der dritte Band konzentriert sich schwerpunktmäßig auf Hilfen und Unterstützungsangebote in Fällen von schwierigen Lebenssituationen.
Der vierte Band bietet besonders Obdachlosen oder von Wohnungsverlust betroffenen Menschen Unterstützungs- und Hilfsangebote an. Es gibt aber auch unabhängig davon Tipps rund um Gesellschaft, Reisen und interessanten Initiativen.

Bitte bedenken Sie:
Die Angebote in Hamburg sind umfangreich und vielseitig. Viele davon sind nur möglich durch ehrenamtliche Arbeit. Ein großes Dankeschön an all die ehrenamtlich engagierten Menschen, die so viel möglich machen. Hier und da handelt es sich um Projekte, die zeitlich begrenzt sind. Das heißt trotz umfangreicher Recherche und der Bemühung um Aktualität, können sich die Angaben in dieser Broschüre schnell ändern.

Hinzu kommen die möglichen Einschränkungen der Angebote aufgrund der Corona-Krise. Machen Sie deshalb unbedingt von den Kontaktdaten Gebrauch, um sich bei Interesse über ein Angebot im Vorwege zu informieren und um festzustellen, ob das gewählte Angebot noch aktuell ist.
Ich wünsche Ihnen nun viele anregende Ideen für Ihren Alltag mit kleinem Geldbeutel.

Einleitung:

Was kann hilfreich sein, wenn Sie mit wenig Geld auskommen müssen?

Hier finden Sie ein paar Tipps dazu:

- Bedenken Sie, immer mehr Menschen in Hamburg sind in der gleichen Situation wie Sie.
- Verstecken Sie sich nicht, sprechen Sie mit anderen darüber.
- Führen Sie eine Zeit lang ein Haushaltsbuch und notieren Sie, wofür Sie Geld ausgeben.
- Achten Sie stets darauf, dass Ihre Miete, der Strom und das Telefon/der Internetzugang bezahlt sind, bevor Sie Ihr Geld anderweitig ausgeben
- Prüfen Sie alle Ausgaben auf ihre Notwendigkeit hin und reduzieren Sie diese, wenn möglich.
- Kaufen Sie grundsätzlich nur, was Sie auch wirklich brauchen. Lassen Sie sich nicht zu unnötigen Ausgaben verführen.
- Vermeiden Sie Schulden zu machen (Kontoüberziehung, Konsumentenkredite, etc.), da es mit wenig Geld schwerfällt, diese wieder abzubezahlen und die Zinsen einen „auffressen" können.
- Legen Sie zu Beginn des aktuellen Monats fest, was Sie nach Abzug aller festen Kosten tatsächlich als Budget übrig haben, mit dem Sie die nächsten 30 Tage haushalten müssen.
- Teilen Sie dieses Geld in Teilbeträge ein.
- Versuchen Sie, so irgend möglich, Rücklagen für unvorhergesehene Ausgaben zu bilden.
- Gönnen Sie sich und Ihrer Familie, Ihren Angehörigen hin und wieder ein schönes Erlebnis. Hamburg bietet vieles, was wenig oder gar nichts kostet.
- Planen Sie nötige Anschaffungen, sprechen Sie mit vielen Leuten darüber. Manchmal ergibt es sich, dass diese

Menschen genau das abzugeben haben, was Sie suchen.
- Versuchen Sie mit der Tatsache wenig Geld zu haben positiv
  umzugehen und sprechen Sie nicht negativ darüber.
- Überprüfen Sie Ihre Wünsche. Ist eine Anschaffung wirklich
  wichtig? Gibt es Alternativen oder lässt sich diese Anschaffung
  noch verschieben?
- Nutzen Sie so viele Informationsquellen wie möglich, um sich
  über kostenlose Angebote oder Veranstaltungen für wenig
  Geld zu nformieren.
- Nehmen Sie gerne die Ferienangebote für Kinder, Jugendliche
  und Senioren der Stadt Hamburg in Anspruch
- Lassen Sie sich von den Angeboten dieser Broschüre
  inspirieren und ergänzen Sie diese durch eigene Ideen.

Und nun wünsche ich Ihnen viel Spaß beim Stöbern!

"Tipps, Hilfen und Unterstützungsangebote"

Hamburger Tafel e.V.,
Lebensmittel aus Spenden für „Bedürftige"
Gegen einen kleinen „Kostenbeitrag", ein bis zwei Euro pro
Lebensmittelausgabe und dem Nachweis der Bedürftigkeit (über
einen Leistungsbescheid, Rentenbescheid, BaföG, etc.; in der
Regel muss dieser alle sechs bis zwölf Monate vorgelegt
werden), bekommen Sie viele gute Lebensmittel, die zwar
kleine Makel aufweisen können oder kurz vor Ablauf des
Mindesthaltbarkeitsdatums stehen, aber selbstverständlich noch
voll genießbar sind.

Zentrale:
🏠 Schimmelmannstraße 123
   22043 Hamburg
☎   040 / 300 605 600 (Zentrale)
Verwaltung: 040 / 300 605 602
Fahrdienst: 040 / 300 605 605
Lager: 040 / 300 605 608
@   info@hamburger-tafel.de
💻   https://hamburger-tafel.de/

Die **Hamburger Tafel e.V.** arbeitet eng mit sozialen
Hilfseinrichtungen in Hamburg zusammen. Die Tafel e.V. selbst
gibt keine Lebensmittel an Bedürftige direkt aus. Sie liefert das,
was in den täglichen Touren bei Lebensmittelgeschäften,
Supermärkten, Hotels und anderen Stellen als Spende abgeholt
wird, an die verschiedenen Einrichtungen weiter. Dort werden
die Lebensmittel geprüft und verpackt und direkt an die

Besucher dieser Einrichtungen ausgegeben. Über 40 Tonnen Lebensmittel werden so pro Woche ausgeliefert. Eine – nicht unbedingt vollständige – Liste der Hilfseinrichtungen, die von der Hamburger Tafel beliefert werden, finden Sie nachfolgend.

Pik As*

✉ Neustädter Straße 31a
20355 Hamburg

☎ 040 / 427 321 059

Pottkieker

✉ Alter Teichweg 53
22049 Hamburg

☎ 040 / 61 93 59

Herz As*

✉ Norderstrasse 50
20097 Hamburg

☎ 040 / 23 26 22

Spielhäuser Hamburg
Spielhaus

✉ Eimsbütteler Marktplatz 1
20257 Hamburg

☎ 040 / 850 25 69

Spielhaus Horner Landstraße

✉ Horner Landstr. 246a
22111 Hamburg

☎ 040 / 650 10 00

Spielhaus Traunspark
✉ Ausschläger Elbdeich 1B
    20539 Hamburg
☎ 040 / 78 35 33

Kinder- und Familienzentrum Bauspielplatz & Spielhaus
Eppendorfer Park
✉ Frickestraße 1
    20251 Hamburg
☎ 040 / 460 905 27

Spielhaus Langefort
✉ Langenfort 69
    22307 Hamburg
☎ 040 / 630 09 98

Hamburger Frauenhäuser
✉ Amandastraße 58
    20357 Hamburg
☎ 05501 / 261 20 13

Mitternachtsbus* Yvonne Lösch
✉ Bundesstraße 101
    20144 Hamburg
☎ 040 / 401 782 15

Heilsarmee*

Die Heilsarmee – Korps Hamburg

✉ Talstraße 13
20359 Hamburg

☎ 040 / 86 23 05

Die Heilsarmee Missionsteam

✉ Manteuffelstraße 1C
22587 Hamburg

☎ 040 / 86 23 05

Die Heilsarmee – Park-In

✉ Oststeinbeker Weg 2H
22117 Hamburg

☎ 040 / 713 65 64

Die Heilsarmee – Jakob-Junker-Haus

✉ Borsteler Chaussee 23
22453 Hamburg

☎ 040 / 514 31 40

Notunterkünfte

FrauenZimmer

✉ Hinrichsenstraße 4a
20535 Hamburg

☎ 040 / 254 187 21

f&w fördern und wohnen AöR – Hauptverwaltung

✉ Heidenkampsweg 98

20097 Hamburg

☎ 040 / 42 83 50

Wohnunterkünfte

✉ Fruchtallee 15
  20259 Hamburg

☎ 040 / 432 927 36

Kemenate Frauen Wohnen e.V.

✉ Charlottenstraße 30
  20257 Hamburg

☎ 040 / 430 49 59

THW Ortsverband Hamburg-Mitte

✉ Billbrookdeich 139
  22113 Hamburg

☎ 040 / 531 034 90

THW Ortsverband Hamburg-Wandsbek

✉ Rahlau 19
  22045 Hamburg

☎ 040 / 66 14 96

Winternotprogramm* für Obdachlose e.V.

✉ Friesenstraße 22
  20097 Hamburg

☎ 040 / 428 357 19

Bullysuppenküche*
keine feste Anschrift, fährt die Brennpunkte der Obdachlosen ab
und verteilt Lebensmittel

Café mit Herz*
✉ Seewartenstraße 10
   20459 Hamburg
☎ 040 / 317 902 60

Mütterzentren
Mütterzentrum Bergedorf
✉ Reetwerder 11
   21029 Hamburg
☎ 040 / 721 82 86

„Die Mütze" Kita & Mütterzentrum Burgwedel e.V.
✉ Walther-Jungleib-Straße 10-12
   22457 Hamburg
☎ 040 / 550 97 49

Kinder- und Erwachsenenzentrum – KinEz-Hohenfelde e.V.
✉ Ifflandstraße 69
   22087 Hamburg
☎ 040 / 227 489 45

Mütterzentrum Noderstedt e.V.
✉ Kielortring 51
   22850 Norderstedt
☎ 040 / 523 72 50

Caritasverband Hamburg

Caritasverband für das Erzbistum Hamburg e.V.

✉ Danziger Straße 66
   20099 Hamburg

☎ 040 / 280 14 00

Caritasverband für Hamburg e.V.

✉ Wandsbeker Zollstrasse 17
   22041 Hamburg

☎ 040 / 969 667 893

Caritasverband für Hamburg e. V., Zahnmobil

✉ Seewartenstraße 10
   20459 Hamburg

☎ 040 / 300 931 59

Caritasverband für Hamburg e. V. Integrationszentrum
Bergedorf Sozialberatung

✉ Alte Holstenstraße 1
   21031 Hamburg

☎ 040 / 239 597 10

Caritas Hamburg-Wohnen und Soziale Dienstleistungen GmbH

✉ Kettelerweg 5
   22457 Hamburg

☎ 040 / 559 44 65

Elternschulen

Elternschule Jenfeld

✉ Rodigallee 233
  22043 Hamburg

☎ 040 / 668 594 27

Elternschule Billstedt

✉ Lorenzenweg 2A
  22111 Hamburg

☎ 040 / 427 312 570

Elternschule Langenhorn

✉ Holitzberg 139
  22417 Hamburg

☎ 040 / 527 02 40

Elternschule Eidelstedt

✉ Alte Elbgaustraße 12
  22523 Hamburg

☎ 040 / 570 95 66

Elternschule Steilshoop

✉ Edwin-Scharff-Ring 56
  22309 Hamburg

☎ 040 / 637 024 980

Elternschule Farmsen-Berne

✉ Bekassinenau 126
  22147 Hamburg

☎ 040 / 647 63 88

Elternschule Rothenburgsort

✉ Marckmannstraße 75
   20539 Hamburg

☎ 040 / 428 546 465

Elternschule Hohenhorst

✉ Schöneberger Straße 44
   22149 Hamburg

☎040 / 672 07 27

Elternschule Grindel und Sternschanze

✉ Oberstraße 18B
   20144 Hamburg
Tel: 040 / 428 013 311

Elternschule Süderelbe

✉ Rehrstieg 60
   21147 Hamburg

☎ 040 / 796 00 72

Elternschule Horner Geest

✉ Spliedring 44
   22119 Hamburg

☎ 040 / 653 13 82

Elternschule Altona

✉ Max-Brauer-Allee 134 (Eingang über Hospitalstr.)
   22765 Hamburg

☎ 040 / 334 571 82

Hamburg-Haus Eimsbüttel
✉ Doormannsweg 12
    20259 Hamburg
☎ 040 / 428 013 771

Elternschule Osdorf
✉ Bornheide 76c
    22549 Hamburg
☎ 040 / 357 729 70

Fördern und Wohnen
Standorte, siehe Buch ab Seite 160

Hinz und Kunzt gemeinnützige Verlags- und Vetriebs GmbH
✉ Altstädter Twiete 1
    20095 Hamburg
☎ 040 / 321 083 11

Kaffeeklappe St. Pauli*
✉ Seilerstrasse 34
    20359 Hamburg
☎ 040 / 31 64 95

* Obdachlosenunterkünfte
Ausgabestellen finden sich mittlerweile in fast jedem Stadtteil Hamburgs. Bitte erkundigen Sie sich über das Internet oder die Stadtteilzeitungen über eine Ausgabestelle in Ihrer Nähe. Ebenso finden Sie in vielen Gemeindeblättern entsprechende Hinweise.

Lebenshilfen und Unterstützung in „Notlagen"

Nachfolgend finden Sie Anlaufstellen/Einrichtungen, in denen Sie bei Bedarf Ansprechpartner und Hilfe in schwierigen und unübersichtlichen Lebenslagen bekommen können.

Altona

📮	✉	📅	📢
Alimaus	Nobistor 42 22767 Hamburg ☎ 040 / 31 79 57 59	Mo-Fr Früh-stück 10:15-12:00 15:30-18:30 warmes Essen Essenaus-gabe, auch Sa. 13:00-15:00	Soziale Beratung, Kaffee, Duschen, Kleider-ausgabe
ASP Altona Nord e.V.	Eckernförder Str. 12 22767 Hamburg ☎ 040 / 85 12 324	Mo-So 10:30-19:30	Betreuung von 13-16jährigen, Freizeit, Beratung und Schülerhilfe
Familien-planungs-zentrum Altona	Bei der Johanniskirch e 20 22767 Hamburg	Mo 10:00-17:00 Mi, Do 10:00-19:00	Familien-beratung, Lebensmittel für Bedürftige aus dem Stadtteil

	☎ 040 / 43 92 822	Fr 10:00- 13:00	
Iglu	Lippmannstr. 22 22769 Hamburg ☎ 040 / 43 05 081	Mo, Di, Do, Fr 09:00- 12:00 Mi 12:00- 14:30	nur Telefondienst für Kinder und ihre drogen- abhängigen Eltern
Koala	Kleine Rainstr. 29 22767 Hamburg ☎ 040 / 39 88 84 – 0	Mo-Do 08:00- 16:00 Fr 08:00- 14:00	bietet jungen Menschen Vorbereitungskurs e für Ausbildung oder Umschulung
Kodrops, Altona	Hohenesch 13 -17 22765 Hamburg ☎ 040 / 390 86 40	Mo, Di, Do 10:00- 19:00 Fr 10:00- 17:00	Beratung, Dusche, Wäsche, Spritzen-tausch, Imbiss, MPU Vorbereitung
Lukas	Luruper Hauptstr. 138 22547 Hamburg ☎ 040 / 970 770	Mo, Do 09:00- 18:00 Di, Mi 10:00- 18:00 Fr 10:00- 15:00	Kleider-kammer, Duschen, Wäsche waschen, günstiger Mittagstisch (1€), Suchthilfe

MAhLZEIT-Stadtmissio n	Billrothstr. 79 22547 Hamburg ☎ 040 / 380 388 09	Mo-Do 09:00-14:30	Frühstück, Mittagessen für Bedürftige
MTH Heilsarmee-Talstraße	Talstr. 13 20359 Hamburg ☎ 040 / 31 65 43	Di, Do 14:00-17:00 Fr 12:00-15:00	Essen, Duschen, Kleidung, Gespräche, Andacht, Kaffee
Flaks	Alsenstr. 33 22769 Hamburg ☎ 040 / 89 69 80 – 3	Mo-Do 10:00-16:00 Fr 10:00-14:00	Frauen-zentrum, Beratungen, Frühstück, Mittagessen, Computer

Bahrenfeld

Nordlicht e.V.	Ehrenbergstr. 72+74 22767 Hamburg ☎ 040 / 32 96 23 80	Keine Angaben	Alltagshilfen, Gewalt-prävention, Berufs-orientierung, Fort- und Weiter-bildung
PSB Ambulanz Altona	Holstenstr. 115 22765 Hamburg	Mo-Fr 08:30-12:00 Mo, Do 14:30-16:30	Beratung, Einzel-gespräche, Betreuung in Lebenskrisen

📇	✉	📅	📢
	☎ 040 / 43 29 25-0	Di 14:30-18:00	

Barmbek

📇	✉	📅	📢
Baui Rübezahl	Rübenkamp 29 22305 Hamburg ☎ 040 / 691 64 34	Di-Fr 13:00-16:00 Sa 12:00-16:00	Essen, Wohn-unterkunft, Duschen, etc.
Kirchen-gemeinde ELIM	Bostelreihe 9 22083 Hamburg ☎ 040 / 22 71 97-0	Mo-Fr 09:00-13:00 Di, Do 14:00-17:00 Sa 19:00-22:00 So 09:45-21:00	Lebensmittel-verteilung für Bedürftige aus dem Stadtteil, Kleider-kammer
Bodel-schwingh	Humboldstr. 65 22083 Hamburg ☎ 040 / 22 72 17-0	Mo-Fr 08:00-16:00	Essen, Wohn-unterkunft, Duschen, etc.

Berne, Billstedt, Borgfelde

📇	✉	📅	📢
Treff Berne	Berner Heerweg	Mo 09:00-	Lebensmittel-ausgabe für

	366 22159 Hamburg ☎ 040 / 644 104 20	18:00 Di 11:00- 19:00 Mi 11:00- 18:00 Do 14:00- 18:00 Fr. 11:00- 14:00	Bedürftige aus dem Stadtteil, ambulante Sozial- psychiatrie, offene Treffs
Sonnenland Stadtteil- zentrum	Sonneland 13 22115 Hamburg ☎ 040 / 71 25 442	Mo, Mi, Do 16:00- 20:00 Di, Fr 16:00- 22:00 Sa 14:00- 18:00	Kinder- und Jugendarbeit, Nachbar-schafts- gruppen, Veranstaltungen, Ausflüge, Tafel
STOB Jugendetage	Havighorster Redder 50 20537 Hamburg ☎ 040 / 71 60 33 22	Mo-Fr 11:00- 19:00	Jugendarbeit, Beratung, Gruppen-arbeit, Freizeit- gestaltung, Café, Veran- staltungen, Tafel
Rückenwind e.V.	Grevenweg 80 20537 Hamburg	keine aktuellen Angaben	Beratungen, Lebenshilfe, Freizeit- gestaltung, soziale Gruppen-

	📠	✉	📅	📢
	☎ 040 / 25 08 242			arbeit, Straßensozial-arbeit

City

🖨	✉	📅	📢
Herz As	Norderstr. 50 20097 HH ☎ 040 /23 26 22	Mo-Do 10:00-16:00 Fr 12:00-15:00	Tagesstätte, Essen, Duschen, Post, Kleider-kammer, Beratung, warme und kalten Mahlzeiten
Hinz & Kunzt	Altstädter Twiete 1 20095 HH ☎ 040 / 32 10 83 41	Mo-Fr 09:00-13:30 und 14:30-18:30 Sa 11:00-14:00	aktive Hilfe zur Veränderung der Lebens-situation von Obdachlosen
Kids	Lange Reihe 24 20099 HH ☎ 040 / 280 16 06	keine aktuellen Angaben	Beratung, soziale Dienst-leistungen aller Art
NOX Über-nachtungs-stelle	Besenbinder-hof 70-71 20097 HH ☎ 040 / 41 92 38 10	Mo-Fr 06:00-24:00	Mahlzeiten, Über-nachtung, Drogen-beratung

Dulsberg

🖨	✉	📅	📣
Pottkieker Stadtteil-küche	Alter Teichweg 53 22049 HH ☎ 040 / 61 93 59	Mo-Do 11:30-14:00 Fr 11:30-13:00	tägliches Mittagessen für 3,00 €

Eilbek

🖨	✉	📅	📣
Die Brücke – Beratungs- und Therapie-zentrum	Conventstr. 14 22089 HH ☎ 040 / 668 36 38	Di 15:00-17:00	soziale Beratung und Betreuung bei Sucht- und Essstörungen

Eimsbüttel

🖨	✉	📅	📣
Diakonisches Werk / Begegnungs-stätte Niendorf	Max-Zelck-Str. 1 22459 HH ☎ 040 / 58 959 150	Mo, Do 11:00-15:00 Mi 14:00-16:00 Beratungen: Do 10:00-12:00	(in den Winter-monaten) Essen (1€), heißer Tee, belegte Brötchen
Jugend hilft Jugend e.V.	Max-Brauer-Allee 116	Mo-Do 10:00-17:00	Ambulante Ganztages-

	22765 HH ☎ 040 / 30 68 820	Fr 10:00-16:00	betreuung für Drogen-abhängige
Kemenate Frauen Wohnen e.V.	Charlottenstr. 30 20257 HH ☎ 040 / 430 49 59	Mo, Do, Sa, So 14:00-19:00 Mi 10:00-15.00	Tagestreff, gemeinsames Kochen, Duschen, Wäsche; NUR für FRAUEN
Mütter-zentrum Eimsbüttel	Müggen-kampstr. 30a 20257 HH ☎ 040 / 401 70 606	Mo-Fr 09:00-18:00	Mutter & Kind Betreuung, Deutschkurse, Hausauf-gaben-betreuung, Kinderabgabe
SME e.V.	Margareten-str. 36a 20357 HH ☎ 040 / 43 20 08-0	keine aktuellen Angaben	stadtteil-bezogene, milieunahe Erziehungs-hilfen
Soziale Beratungs-stelle Eimsbüttel	Waterloohain 7 22769 HH ☎ 040 / 59 39 29 50	Mo, Di, Do 09:30-12:00	Beratung und Sozialarbeit für wohnungs-lose und obdachlose Menschen
TAS Bundesstr.	Bundesstr. 101 20144 HH ☎ 040 / 40 17 82 11	Mo-Fr 11:00-16:00 Internet-nutzung Mo-Fr 11:00-14:00	Essen, Duschen, Wäsche, soz. Beratung, Frühstück,

			ärztliche Versorgung

Fuhlsbüttel

🖥	✉	📅	📢
CJSD-Erdkamps-weg	Erdkampsweg 156 22335 HH ☎ 040 / 40 17 82 12	Mo-Fr 10:00-13:30	Kindertages-betreuung mit Mittagstisch
Hornkamp Wohn-unterkunft	Hornkamp 9-11 22335 HH ☎ 040 / 500 246 21	Mo-Fr 08:00-16:00	Hilfe bei der Wieder-eingliederung von obdachlos gewordenen Menschen und andere Hilfen

Groborstel

🖥	✉	📅	📢
Jacob-Junker-Haus Heilsarmee	Borsteler Chaussee 23 22453 HH ☎ 040 / 514 314 0	Mo-Fr 06:30-19:00	Frühstücks- und Essensaus-gabe, Wohnungs-losen- und Sozial-beratung

Hamm

🖨	✉	📅	📢
Happy Help	Kiebitzshof 9 22089 HH ☎ 040 / 25 33 02 – 3	Mo-Fr 08:00-16:00	Pflegedienst für Menschen mit seelischen Problemen, Kochgruppe, Betreuung, Eingliederungshilfe
Maex	Hammer Landstr. 56 20537 HH ☎ 040 / 2000 10 2200	keine aktuellen Angaben	Drogen-beratung mit Frühstück
MÄRCHEN – Kintertages -stätte	Am Gojenboom 55 22111 HH ☎ 040 / 63 60 69 12	Mo-Fr 08:00-17:00	Kinder-betreuung
B & S Soziale Dienste	Diagonalstr. 41 20537 HH ☎ 040 / 20 97 888 1	täglich 09:00-15:00	Lebensmittelausgabe, offenes Frühstück, Mittagstisch, Billardtisch, Hilfen zur Erziehung, Eingliederungshilfen
Hohenfelde Treff – Verein zur Förderung von	Mühlendamm 19a 22097 HH ☎ 040 / 220 69 75	keine aktuellen Angaben	Kochen, Abendbrot, Kinder und Jugendliche 8-18 Jahre

Freizeit, Kultur und Politik			

Horn

🖥	✉	📅	📢
HDJ Horn	Snitgerreihe 4 22111 HH ☎ 040 / 63 30 79 90	Mo-Do 13:00-18:00 Fr 13:00-20:00	Jugendlichen- und Kinder-betreuung und -hilfe, Essen, Vermietung von Räumen
JAH Jugendarbeit Horn e.V.	Legienstr. 28 22111 HH ☎ 040 / 65 90 537	keine aktuellen Angaben	Pädago-gischer Mittagstisch, offene Kinderarbeit, Hausauf-gabenhilfe
MOMO Beratungs-stelle	Washington-allee 62 22111 HH ☎ 040 / 655 27 54	Di und Do 14:00-17:00 in der Thimotius Kirche	Lebensmittel-ausgabe montags an Bedürftige aus dem Stadtteil

Lokstedt

🖥️	✉️	📅	📣
Evangelische Lutherische Kirche	Bei der Lutherbuche 26 22529 HH ☎ 040 / 56 41 61	Di 18:30-21:00 Jugendtreff Mo, Di, Do, Fr 10:00-12:00	Lebensmittel-ausgabe an Bedürftige aus dem Stadtteil, Jugendtreff

Lurup

🖥️	✉️	📅	📣
Cafe Sieb	Netzestr. 14 22547 HH ☎ 040 / 840 09 70	Mo 09:00-16:30 Di 09:00-15:00 Mi 09:00-16:00 Do 09:00-17:30 Fr 09:00-14:00	Familien-betreuung

Mitte

🖥️	✉️	📅	📣
Aids-Hilfe Hamburg e.V.	Lange Reihe 30-32 20099 HH ☎ 040 / 23 51 99 0	Mo-Fr 10:00-19:00	Café, Kontakt-aufnahme, Selbsthilfe-gruppe, Yoga, Frühstück,

			Spielegruppe, Migranten-arbeit
Basis-Projekt e.V.	Pulverteich 17 20099 HH ☎ 040 / 280 16 07	Mo, Do, Fr 12:00-16:00 Mi 15:00-19:00 Di 12:00-16:00 Beratung/ offene Sprechstunde	Anlaufstelle, Beratung, Betreuung, Abendessen, Frühstück, Kaffee, Kuchen
Café Sperrgebiet St. Georg	Lindenstr. 13 20099 HH ☎ 040 / 24 66 24	Mo 15:00-20:00 Di 13:00-18:00 Mi 10:00-12:00 Do 10:00-13:00	Essen, Duschen, Wäsche, Beratung, Über-nachtung, Unter-stützung bei Ämtergängen !! NUR FRAUEN!!
Café Sperrgebiet St. Pauli	Seilerstr. 34 20359 HH ☎ 040 / 24 66 24	Mo, Di, Do 11:00-15:00 Mi 15:00-19:00	Essen, Duschen, Wäsche, Beratung, Über-nachtung, Unter-stützung bei Ämtergängen !! NUR FRAUEN!!

Kirche St. Georg	Kirchhof 3 20099 HH ☎ 040 / 24 32 84	Fr 11:30-13:00 Sa 12:00-14:00	Freitags Suppen für Obdachlose, Gesellschaft
Ragazza	Brennerstr. 19 20099 HH ☎ 040 / 24 46 31	Mo, Di, Do 09:00-15:00 Do-So 19:00-00:00 Mi geschlossen	Gesundheits- und Konsumraum Essen, Beratung, Wäsche

Mümmelsmannsberg

Elternschule Billstedt	Lorenzenweg 2A 22111 HH ☎ 040 / 42 73 12 570	Mo, Mi, Do 09:00-18:00 Fr 09:00-13:00	Essen, Freizeit und Erziehungs- programm
Elternschule Mümmel- mannsberg	Kirchner Weg 6 22115 HH ☎ 040 / 42 89 79	Di, Do 10:00-12:00 Do 16:00-18:00	Kontakte, Gedanken- und Erfahrungs- austausch, Beratung, Information, aktive Freizeit
Haus der Jugend Mümmel- mannsberg	Kirchner Weg 8 22115 HH ☎ 040 / 42	Mo 13:00-21:00 Mädchentag Di-Fr 14:00-22:00	Kinder- und Jugendsozial- arbeit, offene Angebote, Reisen,

	89 79 261/274	Sa 12:00-18:00	Getränke, Tafel, Internetcafé

Neustadt

🖥	✉	📅	📢
Mission	Kaiser-Wilhelm-Str. 81 20355 HH ☎ 040 / 280 514 62	Di-So ab 16:00 ab 18:00 warme Mahlzeit ab 19:30 belegte Brote	Essen, Programm
Pik AS	Neustädter Str. 31a 20355 HH ☎ 040 / 73 12 059	Mo-So 00:00-24:00	Unterkunft, Verpflegung, Duschen, Wäsche, med. Hilfe, Spritzen-tausch
Subway	Neustädter Str. 27-29 20355 HH ☎ 040 / 41 91 66 17	Mo, Mi 10:00-15:00 Di 13:00-15:00 Do 12:00-15:00 Fr 10:00-15:00	Frühstück, Essen, Drogen-beratung, Therapie-vermittlung

🖥	✉	📅	📢
Arbeitslosen-Telefonhilfe e.V	Humboldstr. 58 22081 HH ☎ 040 / 22 75 74 73 aus Mobilfunknetz 0800 / 111 0 444	Mo, Di 09:00-17:00 Mi 09:00-21:00 Do 09:00-17:00 Fr 09:00-17:30	nur noch persönliche Beratungen rund um das Thema Arbeits-losigkeit Do 10:00-12:00 Informations-frühstück gegen Spende
Fördern und Wohnen – Hauptver-waltung	Heidenkamps-weg 98 22097 HH ☎ 040 / 42 83 50	Mo-Fr 08:00-16:00	Wohnen für Geflüchtete und Wohnungs-lose, Standorte in fast jedem Stadtteil

Osdorf

🖥	✉	📅	📢
Spielhaus Bornheide	Bornheide 76 22549 HH ☎ 040 / 41 91 19 73	Mo-Fr 12:00-17:30 Hausauf-gabenhilfe 14:00-16:00	Kinder-betreuung, Hilfe bei den Hausauf-gaben, Mittagstisch,

			viele Kurse, Kinderküche
Stadtteilbüro Osdorfer Born	Bornheide 57o 22549 HH ☎ 040 / 830 18 517	Mo-Fr 10:00-17:00	Treffen unterschiedlicher Gruppen, Beratung zu Recht, Miete, Schulden
Bürgerhaus Bornheide	Bornheide 76 22549 HH ☎ 040 / 308 54 26 60	Mo-Fr 10:00-15:00	Mittagstisch 2,90€, Schreibservice, Lebensmittelausgabe alle 14 Tage
Tafel/Stadtteildiakonie Sülldorf-Iserbrook	Op`n Hainholt 23 22589 HH ☎ 040 / 87 08 34 15	Fr 14:00-15:00	nur Lebensmittelausgabe

Ost-Steinbek

Park In	Oststeinbeker Weg 2h 22117 HH ☎ 040 / 713 65 64	Mo und Fr 11:00-15:00 Di und Do 11:00-14:00 Mi 11:00-16:00	Essen, soziale Hilfe, ärztliche Versorgung, Gesprächsgruppen

Rothenburgsort

📞	✉	📅	📢
AWO Seniorentreff Rothenburgsort	Rothenburgs-orter Marktplatz 5 20539 HH ☎ 040 / 78 53 00	Mo-Fr 14:00-18:00	Lebensmittel-ausgabe für Bedürftige aus dem Stadtteil

Schanzenviertel

📞	✉	📅	📢
Palette e.V.	Amandastr. 60 20357 HH ☎ 040 / 430 25 90	Mo-Fr 11:00-16:00 Mo 1 4:00-16:00 Sozial-beratung	Tafel Di und Do 14:30 Psychosoziale Betreuung, Ambulante Reha, Gruppen-angebote, Schulden-beratung

Schiffbek

📞	✉	📅	📢
Haus der Jugend Billstedt	Lorenzweg 2 22111 HH ☎ 040 / 42 73 12 567/8	Mo-Fr 14:00-20:30	Kinder- und Jugend-betreuung, offener Bereich

St. Georg

 📇	✉	📅	📢
Caritas-verband für Hamburg e.V.	Danziger Str. 66 20039 HH ☎ 040 / 28 01 40 32	Mo-Fr 00:00-24:00 Frühstück Do 08:30-10:00	Ambulante-, Medizinische- und Pflegerische Versorgung von Obdachlosen

St. Pauli

 📇	✉	📅	📢
Betreutes Wohnen St. Pauli	Clemens-Schulz-Str. 56 20359 HH ☎ 040 / 31 78 13-0	Mo 10:00-13:00 Di 13:00-16:30 Do 14:00-17:00 Fr 10:00-13:30	Betreuung im eigenen Wohnraum von psychisch Erkranken
Café Augenblicke	Schulterblatt 63 20357 HH ☎ 040 / 40 18 77 33	Mo-Fr 11:00-15:00	Kosten-günstiges Essen, Sozial-beratung, Kleider-kammer, Dusche, Sucht-beratung

Café mit Herz	Seewartenstr. 10 20459 HH ☎ 040 / 317 902 61	Mo-So 07:00-10:00 und 14:00-17:00	Frühstück, Mittagessen, Beratung, Kleider-kammer
Haus Bethlehem	Budapester Str. 23a 20359 HH ☎ 040 / 31 79 38 41	Mo-Mi, Fr-Sa 08:30-12:00 So 13:30-18:00 Mi Kleideraus-gabe ab 15:00	Frühstück, Essen, Über-nachtungen (Langzeit)
Junglesben-zentrum Intervention e.V.	Glashüttenstr. 2 20357 HH ☎ 040 / 24 50 02	Mo 16:00-19:00 Di 16:00-21:00 Mi 14:00-16:00 Do 17:00-21:00	Kontakt-aufnahme, Austausch, Work-Shops, offene Treffs, pädagogisch begleitete Gruppen
Kindertages-heim Kirche St. Pauli	Lange Str. 6 20359 HH ☎ 040 / 31 76 91 70	Mo-Fr 06:15-18:00	Frühstück und Mittagessen für 100-120 Kinder und Jugendliche, kochen täglich
Kranken-stube	Seewartenstr. 10 20459 HH	Mo-So 00:00-24:00 22:00-06:00	medizinische Betreuung Obdachloser, Sozialarbeit

	☎ 040 / 280 140 320	keine Aufnahme	
Nachbar- schafts- Heim St. Pauli e.V.	Silbersackstr. 14 20359 HH ☎ 040 / 319 54 78	Mo-Do 16:00-20:00 Fr-Sa 14:00-20:00	Altentages- stätte für Menschen ab 60 aus St. Pauli, Beratungen, Hilfe in existenziellen Notlagen
Stay Alive Hamburg	Virchowstr. 15 22767 HH ☎ 040 / 31 78 72 0	Mo-Fr 11:30-19:00	Beratung, Spritzen- tausch, Konsumraum Frühstück Integration

Steilshoop

	✉	📅	📣
Rock und Rat	Gründgensstr. 28 22309 HH ☎ 040 / 63 90 56 18	Di, Mi 10:00-13:00 Do, Fr 10:00-18:00	Lebensmittel- ausgabe, Second Hand, Sozial- beratung, psychosoziale Beratung

Stellingen

🖷	✉	📅	📣
Abenteuer-spielplatz Linse und Jugendhaus	Försterweg 89a 22309 HH ☎ 040 / 540 66 57	Mo-Fr ab 12:00	Kinder- und Jugend-betreuung mit warmer Mahlzeit
M.a.t. West	Elbgaustr. 83 22523 HH ☎ 040 / 57 19 31 31	keine aktuellen Angaben	Sozial-beratung, Substitutions-betreuung
Wohn-unterkunft Bornmoor	Bornmoor 30 22525 HH ☎ 040 / 55 50 37 95	Mo-So 07:00-16:00	Männer-wohnheim

Wandsbek

🖷	✉	📅	📣
Basis-gemein-schaft Brot & Rosen	Fabriciusstr. 56 22177 HH ☎ 040 / 69 70 20 85	Mo-Fr 09:00-18:00	Betreuung von Obdachlosen und Flüchtlingen
Jenfelder Kaffeekanne	Oppelner Str. 5 22045 HH ☎ 040 / 653 48 23	Mo-Fr 14:00-21:00	Lernhilfen, Schulkinder-projekt, Eltern-beratung, Mütter-frühstück

Kirchen-küche Wandsbek	Robert-Schumann-Brücke 1 22041 HH ☎ 040 / 652 20 00	Mo-Do 11:30-14:30	Essen, Kaffee, Tee, Beratung
Viva Wandsbek	Lotharstr. 2b 22041 HH ☎ 040 / 471 13 10	Mo-Mi 10:00-18:00 Do-Fr 13:00-18:00	Essen, Duschen, Wäsche, Selbst-hilfegruppen, Sucht-beratung, Lebensmittel-ausgabe

HAG – Hamburger AssistenzGenossenschaft eG

Selbstbestimmt leben mit Behinderung

Die Hamburger AssistenzGenossenschaft (HAG) hat sich auf das Angebot von persönlicher Assistenz spezialisiert und bietet umfassende und individuelle Assistenz-Dienstleistungen an. Die Genossenschaft wurde vor über 20 Jahren von Menschen mit Behinderungen gegründet, um das Ideal eines »selbstbestimmten Lebens mit Behinderung« von der Idee in die Tat umzusetzen. Das Konzept der persönlichen Assistenz ist eine Form der ambulanten Hilfe. Das zentrale Anliegen der HAG ist „Selbstbestimmung". Daher richtet sich die persönliche Assistenz nach den individuellen Bedürfnissen und Anforderungen des behinderten Menschen.

Persönliche Assistenz ermöglicht es, Hilfe selbst zu organisieren. Die Assistenznehmer der HAG entscheiden individuell, wie die Hilfen eingesetzt werden sollen — sie richten sich nicht nach den Strukturen eines herkömmlichen Pflegedienstes oder einer Behinderteneinrichtung.

Persönliche Assistenz umfasst alle Hilfestellungen, die Menschen mit Behinderungen benötigen. Die Assistenznehmer entscheiden dabei selbst, welche Personen in Ihrem Team arbeiten und leiten diese an. Sie sagen ihnen, wann und wie welche Hilfe erfolgen soll. Die Assistenznehmer in der HAG steuern damit direkt die Qualität ihrer persönlichen Assistenz.

Die HAG organisiert persönliche Assistenz für nahezu alle Bereiche des persönlichen und beruflichen Lebens. Auch während Studien-, Ausbildungs- oder Arbeitszeiten werden sie durch dieselben, vertrauten und eingespielten Assistenten betreut. Persönliche Assistenz ermöglicht den Assistenznehmer den Zugang zum sozialen und kulturellen Leben und schafft zeitliche und räumliche Autonomie.

Die persönliche Assistenz kann von Menschen beantragt werden, die in den Pflegegrad vier und fünf eingestuft wurden, einen Hilfebedarf von mindestens acht Stunden täglich haben und in Hamburg wohnen.

Kontakt und Anschrift:

🏠 Geschäftsstelle in Hamburg
Hamburger AssistenzGenossenschaft eG
Stresemannstrasse 23
22769 Hamburg

☎ 040 / 30 69 79 0

🖨 040 / 30 69 79 10

@ kontakt@hag-eg.de

🖥 https://hag-eg.de

Geschäftszeiten:
Montag bis Donnerstag von 9.00-17:00 Uhr
Freitag von 09:00 bis 16:30 Uhr

Ämterlotsen – ehrenamtliche Mitarbeitende begleiten zu Hamburger Behörden

- Ämterlotsen begleiten Sie zum Jobcenter oder anderen Hamburger Behörden
- Sie helfen bei der Terminvorbereitung und Antragstellung
- Die Ämterlotsen helfen Ihnen, Ihr Anliegen beim Amt vorzubringen und
- Ihre bestehenden Rechtsansprüche durchzusetzen
- Sie sorgen für respektvolle Kommunikation und tragen zu einer entspannten Gesprächssituation bei
- Die Ämterlotsen dienen als Zeugen zum Beispiel, dass Sie Ihren ALG II Antrag im Jobcenter abgegeben haben
- Die Hilfeleistung der Ämterlotsen ist kostenfrei
- Die Ämterlotsen unterliegen der Schweigepflicht
- Die Ämterlotsen bieten keine Sozial- oder Rechtberatung!

Wünschen Sie die Begleitung eines Ämterlotsen / einer Ämterlotsin oder haben Sie Fragen?
Dann rufen Sie an:

Montag und Donnerstag**:** 14.00 bis 16.00 Uhr
Mittwoch**:** 11.00 bis 13.00 Uhr

Frau Sabine Braun – Projektleitung

☎ 040 / 30620-366

Sie können auch eine E-Mail schicken:

@ aemterlotsen@diakonie-hamburg.de

🖥 https://www.diakonie-hamburg.de/de/rat-und-
hilfe/behoerdenhilfe/Aemterlotsen-ehrenamtliche-
Mitarbeitende-begleiten-zu-Hamburger-Behoerden

Wichtige Rufnummern Hamburgs im Überblick

Notfall Allgemeine Notrufnummer:

Feuerwehr	112
Polizei	110

Darauf sollten Sie bei einer Notfallmeldung achten:

- Wenn Sie einen **Notfall** bei der Feuerwehr (112) melden: Nennen Sie den Notfallort, beantworten Sie die Fragen der Leitstelle und warten Sie, bis die Leitstelle das Gespräch beendet.
- Wenn Sie ein **Feuer** bei der Feuerwehr (112) melden: Informieren Sie die Leitstelle anhand folgender Fragen: Wo brennt es? Was brennt? Wie groß ist das Feuer? Welche akuten Gefahren bestehen? Sind Menschen in Gefahr? Warten Sie Rückfragen ab und legen Sie nicht auf, bevor die Leitstelle das Gespräch beendet hat.

Notruffax für hör- und sprechbehinderte Menschen:

Feuerwehr	112
Polizei	110
Schreibtelefon der Rettungsdienste	040 / 19296

Gesundheit

Bei allen nicht lebensbedrohlichen Erkrankungen und Unfällen
wenden Sie sich bitte innerhalb der Praxissprechzeiten an Ihre
Hausärztin oder Ihren **Hausarzt**. Außerhalb der
Praxissprechzeiten wenden Sie sich bitte an den ärztlichen
Notfalldienst oder an die kassenärztlichen **Notfallpraxen**:

Kassenärztlicher Notfalldienst	040 / 22 80 22 oder 116 117
Privatärztlicher Notdienst	040 / 19 257

Bereitschaftsdienst des ärztlichen Notfalldiensts für hör- und sprachbehinderte Menschen:

07:00 bis 24:00 Uhr per Fax	040 / 22 8024 75
00:00 bis 07:00 Uhr per Fax	040 / 66 95 54 59

Notfallpraxen:

Notfall-Praxis Altona	Stresemannstraße 54, 22769 Hamburg
Notfall-Praxis Farmsen	Berner Heerweg 124, 22159 Hamburg
Öffnungszeiten: Mo, Di, Do und Fr 19:00–24:00, Mi 13:00–24:00 Uhr, Sa, So und feiertags 07:00–24:00	

Außerdem können Sie jedes öffentliche **Notfallkrankenhaus** aufsuchen.

Zahnärztlicher Notfalldienst	01805 / 05 05 18
Notdienst niedergelassener Privatzahnärzte	040 / 46 88 10 77
Tierärztlicher Notdienst	040 / 43 43 79

Seelische Gesundheit:

Telefonseelsorge	0800 / 1110111 oder 0800 / 1110222

Wichtig! Wenn Sie sofort Hilfe benötigen oder ggf. stationär aufgenommen werden möchten, wenden Sie sich jederzeit an die Notaufnahme eines Krankenhauses mit psychiatrischer Abteilung oder Ambulanz.

Zentrale Notfallambulanz Universitätsklinikum Eppendorf (UKE)	
00:00-24:00 Uhr	040 / 74 10 35 000

Bei Lebensgefahr rufen Sie bitte sofort den Rettungsdienst 112, damit Ihnen geholfen werden kann!!

Sorgentelefon:

Nummer gegen Kummer e. V. (Kinder- und Jugendtelefon)	0800 / 116111
Nummer gegen Kummer (Elterntelefon)	0800 / 1110550

Apotheken-Notfalldienst:

Apotheken-Notdienstfinder	040 / 22 833 oder 0800 / 00 22833

Gift-Notruf:

GIZ-Nord	0551 / 19 240

Notruf Gewalt gegen Frauen

Notruf für vergewaltigte Frauen und Mädchen	040 / 255 566
Hilfetelefon Gewalt gegen Frauen	0800 / 116016
Autonome Hamburger Frauenhäuser Notruf (00:00–24:00 Uhr)	Tel. 040 / 80 00 41 000 Fax 040 / 80 00 41 00 19

Notruf sexuelle Gewalt gegen Mädchen oder Jungen:

Kinder- und Jugendnotdienst	040 / 428 490
Mädchenhaus	040 / 42 84 92 65

Andere Notrufnummern und Notfalldienste:

Opfer-Telefon Weisser Ring	116 006
Tierärztlicher Notfalldienst	040 / 43 43 79
Notruf für herrenlose verletzte Tiere und kranke Wildtiere	040 / 22 22 77
Anwaltlicher Notfalldienst	0171 / 61 05 949

Karten-Sperr-Notruf	116 116
Hinweistelefon Rechtsextremismus (Polizei)	040 / 42 86 76 767

Notfalldienste Suchterkrankungen:

Drogeninformationstelefon der Jugendhilfe	040 / 28 05 11 07 (08:00-20:00 Uhr) 040 / 28 03 204 (20:00-08:00 Uhr)
Ambulanz für Suchtkranke der Asklepios Klinik Nord (Haus 32 EG)	040 / 18 18 87 2524
Anonyme Alkoholiker, Saarlandstraße 9, 22303 Hamburg	040 / 19 295
Anonyme Spieler	040 / 20 99 009

Unabhängige Patientenberatung

Die Patientenberatung ist für Sie da, wenn Sie

- eine Ärztin / einen Arzt für eine spezielle Erkrankung brauchen,
- eine Arztpraxis mit besonderem Schwerpunkt oder apparativer Ausstattung suchen,
- eine Ärztin / einen Arzt in Ihrer Nähe suchen,
- eine Arztpraxis mit speziellen Fremdsprachenkenntnissen suchen,
- Fragen zu medizinischen Sachverhalten haben,
- Fragen zu Leistungen der Gesetzlichen Krankenversicherung

haben,
- sich über das Beschwerdemanagement im Gesundheitswesen
  informieren wollen,
- eine Orientierungshilfe im Gesundheitssystem brauchen,
- Informationen zur Patientenverfügung wünschen,
  oder einen Ansprechpartner für spezielle
  Beratungseinrichtungen benötigen.

Die Patientenberatung der Ärztekammer Hamburg und der
Kassenärztlichen Vereinigung Hamburg bietet kompetente und
unabhängige Beratung bei allen Fragen rund um die
gesundheitliche Versorgung in der Hansestadt.

Telefonische Beratung und Terminvereinbarung:

Montag und Dienstag	09:00-13:00 und 14:00-16:00 Uhr
Mittwoch	09:00-12:00 und 14:00-18:00 Uhr
Donnerstag	09:00-13:00 und 14:00-16:00 Uhr
Freitag	09:00-12:00 Uhr

Patientenberatung
Weidestr. 122b (Alstercity)
22089 Hamburg

040 / 20 22 99 222

040 / 20 22 99 490

0800 / 011 77 25 (Montag bis Freitag 08:00-22:00 Uhr)

https://www.patientenberatung-hamburg.de/
(Onlineberatung über die Homepage möglich)

KISS Hamburg: Kontakt- und Informationsstellen für Selbsthilfegruppen in Hamburg

Was macht KISS Hamburg?

Kiss informiert und berät Menschen, die an Selbsthilfe interessiert sind, in insgesamt vier Kontaktstellen und am Selbsthilfe-Telefon

(Sie können gerne anrufen. Es erfolgt eine anonyme Beratung. Immer Montag - Donnerstag von 10:00 bis 18:00 Uhr; Tel. 040 / 39 57 67).

Interessierte werden an die rund 1300 Selbsthilfezusammenschlüsse in Hamburg vermittelt.

KISS unterstützt

bei der Neugründung von Selbsthilfegruppen (von A wie Arthrose bis Z wie Zwänge).

KISS unterstützt

bestehende Selbsthilfegruppen und -organisationen mit Arbeitshilfen, Beratung und Fortbildung.

KISS vernetzt

die vielfältigen Aktivitäten der Selbsthilfe.

KISS verwaltet

die Finanzmittel des „Selbsthilfegruppen-Topfs" in Hamburg und berät zur finanziellen Förderung von Selbsthilfegruppen und Selbsthilfeorganisationen.

KISS wirbt

für die Idee der Selbsthilfe.

Aktuelles und vertiefende Informationen, sowie Veranstaltungen finden Sie übersichtlich aufbereitet auf der Internetseite *https://www.kiss-hh.de* oder fordern Sie das Hamburger Selbsthilfegruppen-Verzeichnis beim Paritätischen Wohlfahrtsverband an.

Träger:
Der PARITÄTISCHE Wohlfahrtsverband Hamburg e.V.

🏠 Wandsbeker Chaussee 8
   22089 Hamburg

☎ 040 / 41 52 01-0

🖨 040 / 41 52 01-90

@ info@paritaet-hamburg.de

💻 https://www.kiss-hh.de

Kontaktstellen in Hamburg:

Kontaktstelle Altona

Die Kontaktstelle Altona liegt verkehrsgünstig zum Altonaer Bahnhof im Stadtteil Ottensen. Die Kontaktstelle verfügt über zwei Gruppenräume - davon ist einer leider nicht rollstuhlgerecht - in denen sich regelmäßig Selbsthilfegruppen treffen.

🏠 Gaußstraße 21-23
   22765 Hamburg

☎ 040 / 492 92 201

🕐 Montag und Dienstag 14:00-18:00 Uhr
   Mittwoch 10:00-14:00 Uhr

@ kissaltona@paritaet-hamburg.de
Selbsthilfeberater/innen:
Lisa Maarzahl / Debora Pia/ Silvana Waniek

Kontaktstelle Harburg

Die Kontaktstelle Harburg liegt zentral im Bezirk der Region Süderelbe, inmitten des Harburger Stadtkerns. Die S-

Bahnstation "Harburg Rathaus" befindet sich in Sichtweite. Die Kontaktstelle verfügt über einen großzügig geschnittenen Gruppenraum, der von Selbsthilfegruppen und Selbsthilfeorganisationen genutzt wird.

🏠 Neue Straße 27
21073 Hamburg

☎ 040 / 300 873 22

🕐 Dienstag 10:00-14:00 Uhr
Donnerstag 14:00-18:00 Uhr

@ kissharburg@paritaet-hamburg.de

Selbsthilfeberaterinnen:
Nora Baldamus / Svenja Jantje Speckin

Kontaktstelle Mitte

Die Kontaktstelle Mitte liegt ganz in der Nähe des Hauptbahnhofes. Sie hat drei Gruppenräume, die für Fortbildungen und Treffen von Selbsthilfegruppen genutzt werden können.

🏠 Kreuzweg 7
20099 Hamburg

☎ 040 / 537 978 979

🕐 Montag 10:00-14:00 Uhr
Donnerstag 14:00-18:00 Uhr)

@ kissmitte@paritaet-hamburg.de

Selbsthilfeberaterinnen:
Petra Diekneite / Katja Proksch / Claudia Schröder

Kontaktstelle Wandsbek

Die Kontaktstelle Wandsbek liegt direkt am Wandsbeker Markt und bietet eine sehr gute Erreichbarkeit durch U- und S-Bahn-Anschluss und diverse Buslinien. Die Kontaktstelle Wandsbek verfügt über fünf Gruppenräume unterschiedlicher Größe für die regelmäßigen Selbsthilfegruppentreffen.

🏠 Schloßstraße 12 (Eingang Claudiusstraße)
　　22041 Hamburg

☎ 040 / 399 263 50

🕐 Montag und Donnerstag 10:00-14:00 Uhr
　　Mittwoch 14:00-18:00 Uhr

@ kisswandsbek@paritaet-hamburg.de

Selbsthilfeberaterinnen:

Anna Beurskens / Karina Kalinowski / Laura Steffen / Katja Urbainczyk

KISS Hamburg Geschäftsstelle

Hier finden Sie die Leitung und Verwaltung von KISS Hamburg sowie das Selbsthilfegruppen-Topf-Büro und das Projekt „Neue Wege in der Selbsthilfe".

✉ KISS Hamburg Geschäftsstelle
　　Kreuzweg 7
　　20099 Hamburg

☎ 040 / 537 97 89 70

@ kiss@paritaet-hamburg.de

Leitung KISS Hamburg

Christa Herrmann

Assistenz KISS Hamburg
Petra Bauer

Öffentlichkeitsarbeit
Frank Omland / Katja Gwosdz,
Tel.: 040 / 537 97 89 73 (Montag bis Donnerstag)

Projekt „Neue Wege in der Selbsthilfe"
Anke Heß
@ selbsthilfeprojekt@paritaet-hamburg.de

Selbsthilfegruppen-Topf-Büro
Claudia Szottka
Tel. 040 / 537 97 89 72
Montag 10:00-13:00 Uhr
Mittwoch 14:00-17:00 Uhr)
@ selbsthilfefoerderung@paritaet-hamburg.de

Sozialpsychiatrischer Dienst

Dieser Dienst bietet Hilfe und Beratung für Erwachsene bei seelischen Problemen, psychischen Erkrankungen und in Krisensituationen.
Der Sozialpsychiatrische Dienst des Gesundheitsamtes Hamburg ist Ansprechpartner für Menschen ab 18 Jahren mit Wohnsitz in Hamburg, die sich mit folgenden Lebenssituationen konfrontiert sehen:
- mit seelischen Problemen,
- psychischen Erkrankungen,
- in akuten Krisensituationen,

- mit Suizidgedanken,
- altersbedingten, seelischen Störungen
- und geistigen Behinderungen.

Sie können sich auch an den Sozialpsychiatrischen Dienst
wenden, wenn Sie:
- das Gefühl haben, mit Ihren Problemen/Belastungen nicht
  mehr alleine fertig zu werden.
- verzweifelt sind und so nicht mehr weiter leben wollen.
- nicht mehr abschalten können
- Beratungsbedarf zur aktuellen Lebenssituation haben.
- im Umgang mit einem psychisch auffälligen Menschen
  nicht mehr weiter wissen.

Auch Angehörige, Freunde, Nachbarn und andere, die sich
Sorgen um Menschen mit psychischen Problemen machen,
können sich an den Sozialpsychiatrischen Dienst wenden.

Im Einzelnen werden angeboten:
- telefonische Auskunft und Beratung
- Einzelgespräche
- bei Bedarf Hausbesuche
- Hilfe in Krisensituationen, auch vor Ort
- Nachsorge – Gespräche nach einem Klinikaufenthalt als Hilfe
  zur Rückkehr in den Alltag
- Information und Vermittlung von individuellen Hilfen
- Beratung in sozialen Fragen
- Unterstützung und Beratung bei Fragen zum Betreuungs- und
  Unterbringungsrecht
- Kollegiale Beratung

Das Team des Sozialpsychiatrischen Dienstes besteht aus Sozialpädagogen, Ärzten, Fachkrankenpflegern sowie Verwaltungskräften.

Die Beratung ist kostenlos.
Die Gespräche sind vertraulich und unterliegen der Schweigepflicht. Eine ärztliche Behandlung kann nicht durchgeführt werden.
Sie erreichen den Sozialpsychiatrischen Dienst von Montag bis Freitag in der Zeit von 08:00-16:00 Uhr

In akuten Krisen außerhalb der Sprechzeiten wenden Sie sich bitte an den allgemeinärztlichen Notdienst (Tel.: 116117), an die psychiatrischen Notaufnahmen der Krankenhäuser oder –bei akuter Gefahr– an den Polizeinotruf 110. Die Telefonseelsorge erreichen Sie rund um die Uhr unter 0800 / 111 0 111.

Bezirksamt Hamburg-Mitte
Fachamt Gesundheit-Sozialpsychiatrischer Dienst

🏠 Caffamacherreihe 1-3
20355 Hamburg
☎ 040 / 42854-4741 und 040 / 42854-4683
🖶 040 / 4279-01701
@ SozialpsychiatrischerDienst@hamburg-mitte.hamburg.de

Gesundheitsamt Hamburg-Nord
Sozialpsychiatrischer Dienst Raum: 108
🏠 Eppendorfer Landstraße 59
20249 Hamburg
☎ 040 / 42804-2764

📠 040 / 427904-630
@ sozialpsychiatrischer-dienst@hamburg-nord.hamburg.de

Bezirksamt Wandsbek
Fachamt Gesundheit Sozialpsychiatrischer Dienst
🏠 Robert-Schuman-Brücke 8
   22041 Hamburg
☎ 040 / 42881-5357
📠 040 / 427905-085
@ Sozialpsychiatrischer-Dienst@wandsbek.hamburg.de

Bezirksamt Altona
Fachamt Gesundheit
🏠 Bahrenfelder Straße 254-260
   22765 Hamburg
☎ 040 / 428 11-2093
@ sozialpsychiatrischerdienst@altona.hamburg.de

Bezirksamt Bergedorf
Fachamt Gesundheit
🏠 Herzog-Carl-Friedrich-Platz 1
   21031 Hamburg
☎ 040 / 4 28 91 – 2271

Aktiv leben – Der Mensch im Mittelpunkt

Diese Einrichtung ist mit ihren engagierten Mitarbeitern seit 1999 in der ambulanten psychosozialen Begleitung von Kindern, Jugendlichen, Erwachsenen und Familien in Altona und Hamburg-Horn tätig. Zudem betreibt sie zwei ambulante Pflegedienste in Altona und Bahrenfeld. Das Team spricht deutsch, englisch, türkisch, farsi, spanisch und portugiesisch.

Die **Psychosozialen Hilfen Altona und Hamburg Horn** bieten professionelle Unterstützung für Menschen mit psychischen und/oder sozialen Problemen an. Die erfahrenen Teams setzten sich aus Pädagogen, Psychologen und Erziehern zusammen.
Angeboten werden eine ambulante Sozialpsychiatrie für Menschen mit seelischen Belastungen (abgekürzt ASP), Hilfen zur Erziehung (abgekürzt HzE), pädagogisch betreutes Wohnen für Menschen mit Behinderung (abgekürzt PBW), Wohnassistenz (abgekürzt WA), Hilfen für Familien mit behinderten Kindern (abgekürzt HFbK) und zusätzliche Betreuungsleistungen nach § 45b SGB XI.

Ambulante Pflege Altona:
Die Einzugsgebiete des Standorts Altona sind Altona Nord, Eimsbüttel, Altona Altstadt, St. Pauli und Neustadt.
Ambulante Pflege Bahrenfeld:
Die Einzugsgebiete des Standorts Bahrenfeld sind Ottensen, Bahrenfeld, Groß Flottbek und Othmarschen.
Die **ambulanten Pflegedienste** der Aktiv Leben GmbH versorgen Menschen in ihrer häuslichen Umgebung.
Die eingesetzten Teams setzen sich aus Gesundheits- und Krankenpflegern, Altenpflegern, Gesundheits- und

Pflegeassistenten, Heilerziehungspflegern, Haus- und
Familienpflegern, Haushaltshilfen und Pflegehelfern zusammen.
Beide Einrichtungen haben jeweils einen offenen Treffpunkt:
In Altona ist es der **„Treffpunkt Balance West"**, in Hamburg
Horn der **„Treffpunkt Balance Ost".**
In die Begegnungsstätte **„Treffpunkt"** kann jeder Interessierte
kommen und sich über das Angebot von „Aktiv leben"
informieren.
Neben individueller Einzelhilfe treffen sich hier verschiedene
Gruppen zur gemeinsamen Freizeitgestaltung. Es darf auch
gefeiert werden und wenn Interesse besteht, gibt es auch die
Möglichkeit spontan Ausflüge zu machen.
Im „Offenen Treff" kann sich jeder unangemeldet und zwanglos
treffen und ein paar Stunden gemeinsam verbringen. In einem
geschützten Umfeld gibt es die Möglichkeit Kontakte zu anderen
Besuchern zu knüpfen, Themen zu finden und sich
auszutauschen. Im Angebot sind zum Beispiel gemeinsam
Spiele zu spielen, sich künstlerisch auszudrücken, Musik zu
machen, kreativ zu schreiben oder einfach nur bei einer Tasse
Tee oder Kaffee zu entspannen.

⌂ Treffpunkt Balance West
Virchowstr. 17-19
22767 Hamburg
☎ 040 / 555 654-60
👥 Frau Gülsen Basar und Frau Marijke Malessa
@ psychosoziale-hilfen@alg-hamburg.de
💻 https://www.alg-hamburg.de/

📅 Montag 10:00-19:00 Uhr
Ohrakupunktur 17:00-19:00 Uhr (Anmeldung erforderlich)
Dienstag 13:00-16:00 Uhr, Aktiv-Gruppe 13:15-14.45 Uhr
Mittwoch 10:00-16:00 Uhr
Donnerstag 10:00-16:00 Uhr
türkische Frauengruppe 12:00-14:00 Uhr
Freitag 10:00-15:00 Uhr

Offene Sozialberatung:

📅 Montag 10:00-12:00 Uhr (auch in farsi)
Donnerstag 10:00-12:00 Uhr (deutsch)
14:00-15:00 Uhr (türkisch)

Offener Treff:

📅 Montag 14:00-16:00 Uhr, Kreativangebote
Freitag 10:00-12:00 Uhr, Kreativangebote
jeden ersten Freitag im Monat gemeinsames Frühstück

Geschäftsführung, Verwaltung:

✉ Virchowstraße 17 – 19
22767 Hamburg
☎ 040 / 380 83 56-0
🖨 040 / 380 83 56-19
@ pflege@alg-hamburg.de

Ambulanter Pflegedienst Altona:

✉ Holstenstraße 194 a
22765 Hamburg
☎ 040 / 391 98-0 (Bürozeiten: Mo-Fr 10.00-16.00 Uhr)

📠 040 / 391 98-119
@ pflege@alg-hamburg.de

Ambulanter Pflegedienst Bahrenfeld:

✉ Gasstraße 10
   22761 Hamburg

☎ 040 / 391 98- 200 (Bürozeiten: Mo-Fr 10.00-16.00 Uhr)
📠 040 / 391 98-219
@ pflege@alg-hamburg.de

Klima e.V. – Konfliktlösung und Mobbingberatung

KLIMA e.V. (Konflikt- Lösungs- Initiative Mobbing Anlaufstelle) besteht seit 1998 und hat sich zum Ziel gesetzt, Menschen in Konflikt- und Mobbingsituationen zu beraten und zu begleiten. Der Verein unterstützt Unternehmen und öffentliche Institutionen kostenpflichtig bei der Umsetzung von Maßnahmen zur Konfliktbewältigung und Mobbingprävention. Das professionell aufgestellte Team besteht aus Personen mit unterschiedlichen beruflichen Hintergründen. Sie sind u.a. als Konfliktforscher, Mediatoren, Psychologen, betriebliche Konfliktberater oder systemische Therapeuten tätig und verfügen über langjährige Berufserfahrung in ihrem jeweiligen Tätigkeitsbereich. Somit ist eine kompetente Beratung und Begleitung in Fällen von Mobbing gewährleistet.
Bei KLIMA e.V. kann Mitglied werden, wer die Arbeit des Vereins aktiv oder passiv fördern möchte oder wer für eine

längere Zeit Unterstützung braucht (der Mitgliedsbeitrag beträgt 72 Euro im Jahr).

Als gemeinnütziger Verein ist KLIMA e.V. auf Spenden angewiesen.

Viele Angebote des Vereins sind kostenlos, ohne dass ein Mitgliedsbeitrag gezahlt werden muss.

Die Angebote gliedern sich folgendermaßen auf: regelmäßige Gruppenveranstaltungen ohne Terminvereinbarung, Gruppenveranstaltung mit Terminvereinbarung per E-Mail und individuelle Veranstaltungen mit telefonischer Terminvereinbarung.

Gruppenveranstaltungen (regelmäßig, außer an Feiertagen) in der Geschäftsstelle KLIMA e.V.
Seewartenstr. 10, Haus 3
(Souterrain)
20459 Hamburg

- KLIMA-Runde: Gedankenaustausch für Betroffene ohne Voranmeldung jeden zweiten, vierten und ggf. fünften Freitag im Monat 17:00-19:00 Uhr
- Selbsthilfegruppe „Nicht länger krank durch Ungleichbehandlung"
  jeden ersten Freitag im Monat 17:00-19:00 Uhr, im Anschluss eine Veranstaltung „Positive Gedanken schöpfen"
- Selbsthilfegruppe „Stark werden bei Mobbing"
  jeden dritten Freitag im Monat 17:00-19:00 Uhr
- Gruppe „Kollegiale Beratung"
  jeden ersten Montag im Monat 17:00-19:00 Uhr

Gruppenveranstaltungen nach Vereinbarung per E-Mail
- Eltern-KLIMA: Gesprächskreis zum Gedankenaustausch für Eltern von mobbingbetroffenen Kindern

- Betriebs-KLIMA: Gesprächskreis mit vertiefter
  Orientierungsmöglichkeit für Menschen, die sich im
  Berufsleben in einer Konflikt- bzw. Mobbingsituation befinden
- Betriebsrats-KLIMA: Austausch und Erarbeitung von
  Strategien gegen Mobbing für Betriebs- und Personalräte und
  andere Interessierte
- KLIMA-Mitglieder-Treffen:
  Nur für KLIMA-Mitglieder, jeden vierten Donnerstag im Monat
  19:00-21:00 Uhr

Individuelle Angebote
(Termine nach telefonischer Vereinbarung oder per E-Mail)
- Beratung: Besprechung und Analyse Ihrer Situation und
  gemeinsame Erarbeitung von Lösungsmöglichkeiten
- Systemische Beratung und Therapie: Gedacht für
  Einzelpersonen, Paare und Familien. Es wird mit vielfältigen
  Methoden, wie Familien- bzw. Firmenaufstellung gearbeitet,
  um tiefer liegende Hintergründe zu verstehen und damit
  Handlungsspielräume zu entwickeln
- Betriebliche Konfliktberatung: Bei Bedarf und Wunsch
  Kontaktaufnahme als Vertrauensperson mit Ihrem Arbeitgeber
  oder der betrieblichen Vertretung, um Ihre Situation zu klären
  und denkbare Schritte zur Konfliktbewältigung einzuleiten,
  Begleitung zu Konfliktgesprächen und zur Erzielung eines
  gegenseitigen Einvernehmens
- Mediation: Schaffung eines Rahmens, um eine Eskalation des
  Konflikts zu vermeiden und Regelungen zu vereinbaren
- Training und gewaltfreie Kommunikation:
  Trainingsmaßnahmen zur Stärkung Ihrer Kompetenzen in
  verschiedenen Bereichen, damit Sie im sozialen Umfeld und in
  Konfliktfällen gewappnet sind

- Coaching, Bewerbung und Existenzgründung: Entwicklung von
Zukunftsperspektiven, Verbesserung Ihres Profils, Ihrer
Bewerbungsunterlagen und bei der Zeugnisbeurteilung

🏠 KLIMA e.V.
Gesundheitszentrum St. Pauli
Seewartenstr. 10, Haus 3 (Souterrain)
20459 Hamburg
☎ Büro: 040 / 33 44 25 57
Beratungstelefon: 040 / 55 00 99 24
🖨 040 / 33 44 25 58
@ kontakt@klimaev.de
💻 http://klimaev.de und http://mobbing-abwehr.de

Öffentliche Rechtsauskunft ÖRA

Voraussetzungen
- geringes Einkommen und nur geringes Vermögen
(Die Einkommensgrenzen richten sich nach dem
Sozialgesetzbuch SGB XII. Die Berechnung erfolgt individuell
anhand der persönlichen Situation.)
- Wohnung in Hamburg
- Arbeit in Hamburg, zu diesem Arbeitsverhältnis wird Rechtsrat
benötigt
- es ist bei Inanspruchnahme kein Rechtsanwalt in dieser Sache
beauftragt
- keine Mitgliedschaft in Gewerkschaften oder
Interessenverbänden (zum Beispiel Mieterverein) über die

man Rechtsberatung erhalten kann
- es besteht keine Rechtsschutzversicherung

Erforderliche Unterlagen

Für die Rechtsberatung sind alle den Rechtsfall betreffenden Unterlagen, sowie aktuelle Einkommensnachweise und Nachweise über Ausgaben (z.B. für Miet- und Unterhaltszahlungen, notwendige Versicherungen) mitzubringen.

Zu beachten

Die Beratung der ÖRA erfolgt ausschließlich vor Ort, eine telefonische oder schriftliche Beratung ist nicht möglich. Informationen zu außergerichtlichen Güteverfahren erhalten Sie unter der Telefonnummer 040 / 42843-4152 oder auf der Homepage der ÖRA: *https://www.hamburg.de/oera/*

Gebühren

Die Gebühren richten sich nach der Gebührenordnung für die ÖRA, die Sie auf der Homepage finden. Die konkreten Gebühren können ausschließlich vor Ort, nach Sichtung der Unterlagen, festgestellt werden. Telefonisch wird darüber keine Auskunft erteilt.
Im Regelfall kostet die Beratung einschließlich Folgeberatungen in derselben Sache **15 Euro.** Die Gebühr wird auf **drei Euro** ermäßigt, wenn Sie nur über ein sehr geringes Einkommen verfügen, Diese Gebühren müssen bar bezahlt werden.

allgemeine Informationen:

Die Öffentliche Rechtsauskunft, ÖRA, bietet Rechtsberatung in allen Rechtsfragen durch erfahrene Spezialisten. Die Beratung erfolgt ausschließlich vor Ort, eine telefonische oder schriftliche Beratung ist nicht möglich. Sie können sich wahlweise an eine der Bezirksstellen oder an die Hauptstelle wenden.

WICHTIG: Bitte beachten Sie, dass eine Beratung im Öffentlichen Recht, Sozialversicherungsrecht und Arbeitsrecht nur in der Hauptstelle und der Bezirksstelle Mitte erfolgen kann.

Die ÖRA bietet auch **außergerichtliche Streitschlichtung**

- in zivilrechtlichen Angelegenheiten für alle natürlichen und juristischen Personen inner- und außerhalb Hamburgs. Vergleichsverhandlungen bei komplizierter Rechtslage und hohen Streitwerten werden von besonderen Vorsitzenden geleitet. Der Antrag hemmt die Verjährung. Die ausgehandelten Vergleiche sind vollstreckbare Titel.
- In strafrechtlichen Verfahren vermittelt die ÖRA, wenn die beschuldigte Person in Hamburg wohnt.
- mit Mediation hilft die ÖRA besonders in eskalierten familien- und erbrechtlichen Konflikten sowie bei Streit im Arbeits- und Wirtschaftsleben. Alle Mediatoren sind zertifiziert. Das Angebot ist offen für jeden.

Die ÖRA führt auch Rechtsberatung speziell für Jugendliche und Kinder durch. Auf diesen Bereich spezialisierte Rechtsanwältinnen und Rechtsanwälte vom Verein 'Anwalt des Kindes' beraten jeden ersten Montag im Monat von 17.00 bis 18.30 Uhr im ÖRA-Haus, Dammtorstraße 14. Selbstverständlich sind Kinder und Jugendliche auch zu allen anderen Beratungszeiten willkommen.

🏠 Dammtorstraße 14
20354 Hamburg

☎ 040 / 42843-3071 und
040 / 42843-3072

🖨 040 / 4279-61216

Öffnungszeiten / Terminzeiten:

Hauptstelle: Dammtorstr. 14
20354 Hamburg
Montag bis Freitag 08:00-13:00 Uhr

Bezirksstellen:

🏠	✉	📅
Mitte	Dammtorstr. 14 20354 Hamburg	Montag; Donnerstag 17:00-18:30 Uhr
Alstertal	Wentzelplatz 5-7 22391 Hamburg	Donnerstag 17:00-18:30 Uhr
Altona	Alte Königstr. 29-39 22767 Hamburg	Montag; Donnerstag 17:00-18:30 Uhr
Barmbek	Poppenhusenstr. 4 22305 Hamburg	Montag; Donnerstag 17:00-18:30 Uhr
Bergedorf	Herzog-Carl-Friedrich- Platz 1 21031 Hamburg	Dienstag; Donnerstag 17:00-18:30 Uhr
Billstedt	Öjendorfer Weg 9 22111 Hamburg	Dienstag; Donnerstag 17:00-18:30 Uhr
Blankenese	Sülldorfer Kirchenweg 2a 22587 Hamburg	Montag 17:00-18:30 Uhr
Bramfeld	Herthastr. 20 22179 Hamburg	Dienstag; Donnerstag 17:00-18:30 Uhr
Eimsbüttel	Grindelberg 62 20144 Hamburg	Montag; Mittwoch 17:00-18:30 Uhr
Eppendorf	Kümmelstr. 7 20249 Hamburg	Montag; Donnerstag 17:00-18:30 Uhr
Finkenwerder	Butendeichweg 21129 Hamburg	Montag 17:00-18:30 Uhr

Fuhlsbüttel	Tangstedter Landstr. 6 22415 Hamburg	Montag; Donnerstag 17:00-18:30 Uhr
Harburg	Harburger Rathausforum 1 21073 Hamburg	Montag; Mittwoch 17:00-18:30 Uhr
Lokstedt	Garstedter Weg 13 22453 Hamburg	Montag; Donnerstag 17:00-18:30 Uhr
Lurup/Osdorf	Achtern Born 135 22549 Hamburg	Dienstag; Donnerstag 17:00-18:30 Uhr
Rahlstedt	Rahlstedter Str. 151 22143 Hamburg	Dienstag; Donnerstag 17:00-18:30 Uhr
Stellingen	Basselweg 73 22527 Hamburg	Montag 17:00-18:30 Uhr
Süderelbe	Groot Enn 4 21149 Hamburg	Dienstag 17:00-18:30 Uhr
Wandsbek	Schloßstr. 60 22041 Hamburg	Montag; Donnerstag 17:00-18:30 Uhr

Bitte rechnen Sie mit Wartezeiten, da alle Ratsuchenden individuell beraten werden. Beratungen/Folgeberatungen müssen, wenn die Erstberatung abends erfolgte auch abends erfolgen.

Bitte beachten Sie:
Öffentliches Recht (insbesondere Asyl- und Ausländerrecht, SGB II, SGB XII, BAföG, Wohngeld, usw.), Arbeitsrecht und Sozialversicherungsrecht (Renten-, Kranken-, Arbeitslosen- und Unfallversicherung) werden nur in der Hauptstelle und in der Bezirksstelle Mitte beraten.
Eine telefonische und schriftliche Beratung kann grundsätzlich nicht erfolgen. Von Anfragen per E-Mail ist deshalb abzuraten.

Eine Rechtsberatung erfolgt immer nur persönlich.
Falls Sie kein Deutsch oder Englisch sprechen, bringen Sie bitte
einen Dolmetscher mit.

Rechtsberatung für Kinder und Jugendliche

Der Verein „Anwalt des Kindes" bietet im Rahmen der ÖRA
Rechtsberatung speziell für Kinder und Jugendliche an.
Diese wird jeden 1. Donnerstag im Monat in der Zeit von 17:00-
18:30 Uhr angeboten. Anfragen per Telefon oder E-Mail sind
möglich.

🏠 Dammtorstr. 14
   20354 Hamburg

☎ 040 / 31 79 69 19

🖨 040 / 31 79 69 19

@ Anwalt-des-Kindes-Hamburg@t-online.de

💻 http://www.anwalt-des-kindes-hamburg.homepage.t-
   online.de/

Bürgertelefon 115 – Ihre Behördennummer

Die Behördennummer 115 ist der direkte telefonische Draht in
die Verwaltung und erste Anlaufstelle für Fragen aller Art. Ob
Fragen zum Reisepass, zur Gewerbeanmeldung oder dem
Wohngeld:
Von Montag bis Freitag in der Zeit von 8:00 Uhr bis 18:00 Uhr
können Sie mit einem Anruf bei der 115 Ihre Fragen zur
Verwaltung schnell und zuverlässig klären lassen.
Anders als in einer Telefonzentrale oder Vermittlung
beantworten die Mitarbeiterinnen und Mitarbeiter der 115-

Servicecenter den Großteil aller Anfragen abschließend. Dabei ist es unerheblich, ob es sich um Angelegenheiten der Kommunen, der Kreise, der Länder oder des Bundes handelt. Das spart nicht nur Zeit und Nerven, sondern häufig auch den Weg zum Amt.

Über 500 Kommunen, zwölf Bundesländer und die gesamte Bundesverwaltung haben sich dem föderalen Vorhaben bereits angeschlossen (siehe Übersichtskarte).
Ob die 115 bereits in Ihrer Region erreichbar ist, erfahren Sie hier:
https://www.115.de/DE/ueber_115/Erreichbarkeit_115/erreichb arkeit115_node.html
Und unabhängig davon, von wo aus Sie anrufen: Jedes 115-Servicecenter kann Ihnen gängige Fragen zu jedem 115-Teilnehmer beantworten.
Die Behördennummer ist in der Regel zum Festnetztarif und damit kostenlos über Flatrates erreichbar. Viele Mobilfunkanbieter haben ihre Preise den Festnetztarifen angepasst.

Als besonderer Service gehört zum 115-Angebot ein Gebärdentelefon. Damit können auch Gehörlose und hörbehinderte Menschen vom 115-Service profitieren. Mehr zum Gebärdentelefon finden Sie auf:
https://www.115.de/DE/Gebaerdentelefon/gebaerdentelefon_n ode.html

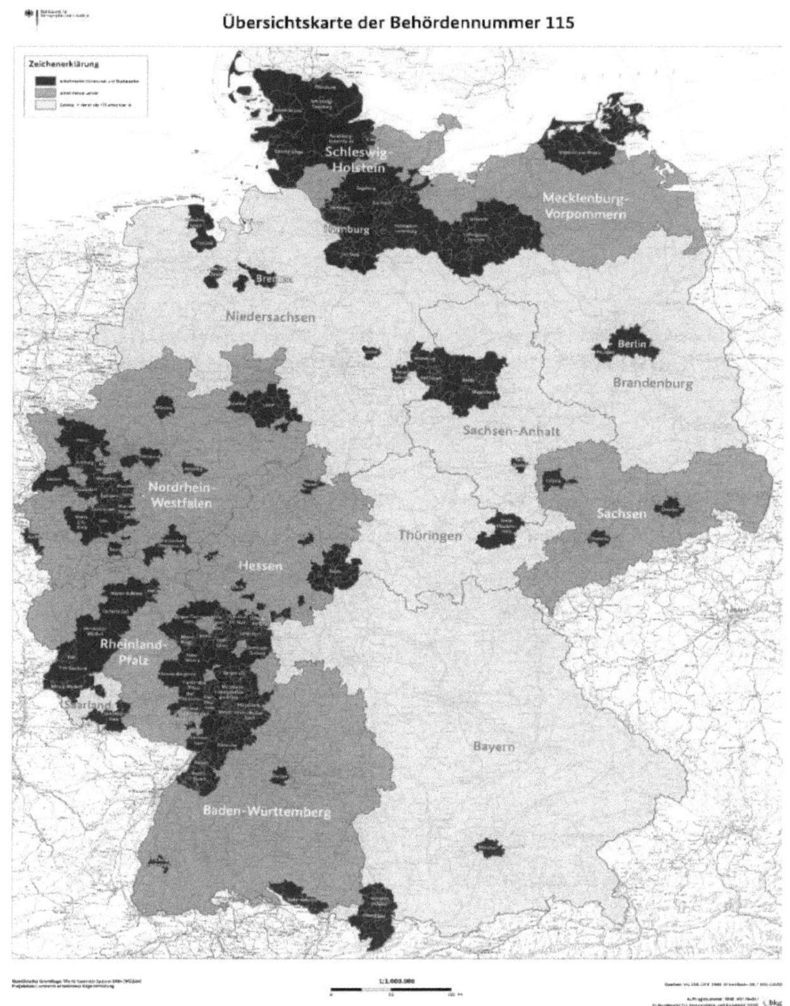

Das Serviceversprechen:

Die Behördennummer 115 unterscheidet sich von üblichen
"Hotlines" durch ihr anspruchsvolles Serviceversprechen. Ob in
Hamburg oder Karlsruhe: Bürgerinnen und Bürger sowie

Unternehmen erreichen die Verwaltung stets zu denselben Uhrzeiten und sollen immer einen einheitlichen Service erhalten.

Die 115 ist von Montag bis Freitag von 8.00 Uhr bis 18.00 Uhr erreichbar.

75 Prozent der 115-Anrufe werden innerhalb von 30 Sekunden durch eine Mitarbeiterin oder einen Mitarbeiter angenommen.

65 Prozent der 115-Anrufe werden beim ersten Kontakt beantwortet.

Wenn nicht, dann erhält der Anrufer innerhalb von 24 Stunden während der Servicezeiten eine Rückmeldung. Je nach Wunsch erfolgt diese per E-Mail, Fax oder Rückruf.

Welche Fragen beantwortet die 115?

Über die 115 erhalten Bürgerinnen und Bürgern sowie Unternehmen Antworten zu den häufigsten Behördenanliegen. Dabei ist es egal, welche Behörde, Verwaltungsebene oder Zuständigkeit betroffen ist. Einige Beispiele:

„Ich habe ein neues Auto gekauft, wann hat die Zulassungsstelle geöffnet?"
„Wo kann ich meinen neuen Personalausweis beantragen?"
„Wie kann ich BAföG beantragen?"
„Wo kann ich eine Melderegisterauskunft einholen?"
„Wie melde ich ein Gewerbe an?"

Alle teilnehmende Kommunen, Länder- und Bundesbehörden speisen das 115-Wissensmanagement mit den am häufigsten nachgefragten Verwaltungsleistungen. So kann jedes 115-Servicecenter häufige Fragen auch zu jeder anderen teilnehmenden Kommunal-, Landes- oder Bundesverwaltung sofort und in gleicher Qualität beantworten.

Sozialverband Deutschland e.V. (SoVD)

Der SoVD (Sozialverband Deutschland e.V.) ist ein gemeinnütziger Verein, in dem bundesweit über 570.000 Mitglieder und landesweit im Sozialverband Deutschland e.V., Landesverband Hamburg, mehr als 21.000 Mitglieder organisiert sind.

Ob Altersarmut, Berufsunfähigkeit oder Arbeitslosigkeit: Nur, wer umfassend über seine Rechte informiert ist, kann sich auch effektiv vor den Folgen sozialer Härte schützen. Vor diesem Hintergrund kämpfen der Sozialverband Deutschland e.V. und seine Unterorganisationen bereits seit 100 Jahren für die Interessen ihrer Mitglieder, ob sozial Benachteiligt, psychisch oder physisch Eingeschränkt oder Pflegebedürftig.

Das Motto lautet:
Kompetente Beratung schützt vor den Folgen sozialer Härte.

Neben einer engagierten Lobbyarbeit in Politik und Öffentlichkeit rund um das Thema „soziale Gerechtigkeit", gehören vor allem die individuelle Sozialrechtsberatung sowie die Patientenberatung und Rentenberatung zu den Kernkompetenzen des SoVD.
Ziel ist es: Bedürftigen und in Not geratenen Menschen Auswege aus dem Behördendschungel zu bieten – und so bestmögliche Ergebnisse bei der Durchsetzung ihrer Interessen zu erzielen, zum Beispiel

- bei Verhandlungen mit Renten- oder Pflegeversicherungen
- bei Problemen mit Kranken- oder Unfallversicherungen
- bei der Anerkennung von Behinderungen bzw.
  Schwerbehinderungen
- bei allen Fragen zu SGB II-Leistungen und zur
  Grundsicherung.

Der Sozialverband Deutschland e.V. und der Sozialverband
Hamburg setzen bei ihrer Arbeit nicht nur auf ihre langjährige
Erfahrung und ihr umfassendes Know-how in der Beratung rund
um die Themen Behinderung, Schwerbehinderung und
Pflegegrade oder Arbeitslosengeld, Berufsunfähigkeit und
Erwerbsminderung, sondern vertreten ihre Mitglieder, wenn
nötig, auch vor den Sozialgerichten und Landessozialgerichten.

Für einen geringen Monatsbeitrag können Sie sich mit
individuellen Beratungsleistungen, wie der
Sozialrechtsberatung, der Patientenberatung oder der
Rentenberatung, effektiv vor sozialen Härten schützen.
Als Mitglied des SoVD Hamburg können Sie nicht nur aktiv am
Verbandsleben teilhaben und es mitgestalten, sondern bleiben
auch stets gut informiert. Sie profitieren von einer Vielzahl
exklusiver Vorzüge und Vergünstigungen im kulturellen Bereich.
Dazu gehören attraktive Sonderkonditionen bei Partnern des
SoVD – und zwar bundesweit.

Gut zu wissen:
Ihr Mitgliedsbeitrag für den SoVD Hamburg ist bei der
Einkommenssteuererklärung voll als Spende absetzbar.

Sozialrechtsberatung
Sie werden sicher durch den Behörden- und
Paragraphendschungel geleitet. Kompetente Juristinnen und
Juristen bieten Ihnen Hilfe zur Selbsthilfe im Umgang mit
Ämtern, Behörden und anderen Leistungsträgern.
Der SoVD klärt Sie rund um Ihre Ansprüche auf, prüft Ihre
Bescheide, unterstützt Sie bei der Antragstellung und informiert
Sie über alle erforderlichen Schritte, um Ihr gutes Recht
kostenfrei durchzusetzen.

Sozialrechtsvertretung
Der SoVD bietet Ihnen individuellen Rechtsbeistand gegenüber

Leistungsträgern. Erfahrenen Juristinnen und Juristen informieren Sie über Erfolgsaussichten, vertreten Ihre Interessen und streiten für Ihr Recht – von der Antragstellung über das Widerspruchsverfahren bis hin zur Klage vor dem Sozialgericht. Der Verein erstreitet jährlich über eine Million Euro für seine Hamburger Mitglieder, und das Ganze gegen eine einmalige Kostenbeteiligung, die je nach Verfahrensart (gemäß Leistungsordnung in der Satzung des SoVD) zwischen zehn und 120 Euro liegt.

Wie können Sie SoVD-Mitglied werden?
Wenn Sie Mitglied in Hamburgs größtem Sozialverband werden möchten, können Sie dies auf zwei Wegen tun:

1. Sie wenden sich an eine Beratungsstellen vor Ort. Dort können Sie problemlos den Mitgliedsantrag ausfüllen und dem SoVD sofort beitreten.

2. Sie füllen den Mitgliedsantrag einfach online aus.

Wie viel kostet eine SoVD-Mitgliedschaft?
Eine Mitgliedschaft kostet sechs Euro im Monat. Wenn Sie mit Ihrer gesamten Familie, Ihrer Partnerin oder Ihrem Partner beitreten, wird es noch günstiger – denn für eine Familienmitgliedschaft bezahlen Sie lediglich zehn Euro im Monat und für eine Partnermitgliedschaft neun Euro im Monat.
Bei welchen Problemen kann der SoVD helfen?
Der Verein unterstützt Sie bei folgenden Anliegen, zum Beispiel, wenn die Krankenkasse Ihren Reha-Antrag abgelehnt hat oder wenn Ihre Pflegestufe nicht genehmigt wurde. Er hilft Ihnen aber auch bei Ihrem Rentenantrag. Zusammenfassend steht der SoVD Ihnen bei den Themen Rente, Behinderung, Kranken- und Pflegeversicherung, Grundsicherung und Sozialhilfe,

Arbeitslosengeld I und II (Hartz IV)
sowie Berufskrankheit, Arbeitsunfall oder staatliche
Entschädigungsleistungen mit Rat und Tat zur Seite. Außerdem
werden Sie zur Patientenverfügung und Vorsorgevollmacht
beraten. Der Verein kümmert sich um Ihren lästigen
Papierkram, füllt mit Ihnen Anträge aus, legt Widerspruch ein
und falls es notwendig wird, geht der SoVD mit seinen
Anwälten für Sie vor Gericht.

Unterlagen an den SoVD: Kopie statt Original
Die Beratungszentren führen die elektronische Akte (eAkte)
ein. Papierunterlagen, die Sie zur Verfügung stellen, werden
„fotografiert" (gescannt) und elektronisch gespeichert.
Anschließend werden sie vernichtet oder im Einzelfall per Post
an Sie zurückgeschickt.

Beratungsstellen:

🖨	✉ und ☎ und @	📅
Barmbek SoVD-Beratungszentrum Landesgeschäftsstelle	Pestalozzistr. 38 22305 Hamburg 040 / 611 60 70 Fax: 040 / 611 607 50 info@sovd-hh.de	Mo, Di, Mi 09:00 - 16:00 Do 09:00 - 18:00 Fr 09:00 - 14:00
Lurup SoVD-Beratungszentrum	Luruper Hauptstr. 149 22547 Hamburg 040 / 431 935 00 Fax: 040 / 235 183 67 info@sovd-hh-kr-west.de	Di, Mi, Do 10:00 - 12:00 Di, Mi, Do 14:00 - 16:00

Lokstedt c/o Bürgerhaus Lenzsiedlung	Julius-Vosseler-Str. 193, 22527 Hamburg Bürgerhaus 040 / 43 09 67 – 13 buergerhaus@lenzsiedlun gev.de	jeden 2. Dienstag im Monat 16:00-17:00
Farmsen SoVD-Beratungszentru m im Berufsförderungs werk (BFW), Haus W, Raum 034	Marie-Bautz-Weg 11 22159 Hamburg 040 / 429 061 34 Fax: 040 / 429 061 35 info@sovd-hh-kr-ost.de	Mo, Fr 10:00 - 12:00
Harburg SoVD-Beratungszentru m	Winsener Str. 13 21077 Hamburg 040 / 775 957 Fax: 040 / 767 500 22 info@sovd-hh-kr-sued.de	Mo 09:00 - 12:00 Mi 10:00 - 12:00 Do 14:00 - 17:00 Donnerstags ausschließlic h Rentenberat ung
Altona c/o Bürgertreff Altona-Nord (BiB)	Gefionstr. 3 22769 Hamburg	Do 14:00 - 16:00 jeweils am 3.

		Donnerstag im Monat
Bergedorf c/o BAG im Marktkauf-Center	Alte Holstenstr. 30 21031 Hamburg	Fr 10:00 - 12:00
Bergedorf c/o DGB-Zentrum	Serrahnstr. 1 21029 Hamburg	Di 14:30 - 16:00 am 1. und 3. Dienstag im Monat. Die Beratung kann auch auf Türkisch und Englisch erfolgen.
Langenhorn c/o Bürgerhaus Langenhorn	Tangstedter Landstr. 41 22415 Hamburg	Do 16:00 - 18:00 am 1. Donnerstag im Monat
St. Georg c/o Mieterverein zu Hamburg	Beim Strohhause 20 20097 Hamburg	Do 14:00 - 17:30 am 1. und 3. Donnerstag im Monat
Steilshoop c/o Das Café Alraune	Schreyerring 27 22309 Hamburg	Mo 16:00 - 18:00 am 2. und 4. Montag im Monat

Verbraucherzentrale Hamburg

Von A wie Altersvorsorge bis Z wie Zusatzstoffe in Lebensmitteln – die Verbraucherzentrale Hamburg bietet Informationen, Beratung, Vorträge und Seminare sowie Publikationen zu (fast) allen Themen, die Verbraucher betreffen. Sie unterstützt Ratsuchende bei der Durchsetzung ihrer Interessen in Fragen des privaten Konsums – kompetent und anbieterunabhängig.

Außerdem ist die Verbraucherzentrale die Interessenvertretung aller Verbraucherinnen und Verbraucher. Sie setzt sich öffentlich – gegenüber der Politik, den Behörden, der Wirtschaft – und mit rechtlichen Mitteln für einen wirksamen wirtschaftlichen und gesundheitlichen Verbraucherschutz ein. Sie wollen mehr Transparenz in den Märkten und mehr Lebensqualität für alle Verbraucher erreichen.

Einen Überblick über die Beratungsthemen finden Sie im Internet. Hier nur eine kleine Auswahl der Themen:

Telefonrechnungen, Abofallen und Vertragsabschlüsse im Internet:

persönliche Kurzberatung über Telefon und Internet, Dauer bis zu 20 Minuten, Kosten 25€, Terminvereinbarung unter 040 / 248 32-107

Versicherungen (keine Krankenversicherung):

persönliche Kurzberatung vor Ort, ohne Anmeldung möglich (Dienstag 14:00-17:00 Uhr und Donnerstag 10:00-13:00 Uhr), es werden Wartenummern vergeben, Kosten 30€, Terminvereinbarung möglich unter 040 / 248 32-107

Schulden und Insolvenz:

persönliche Beratung, kostenlos, nur nach telefonischer Terminvereinbarung unter 040 / 248 32-109

🏠 Verbraucherzentrale Hamburg e.V.
Kirchenallee 22
20099 Hamburg

☎ 040 / 248 32-0 (Zentrale)

🖨 040 / 248 32-290

@ info@vzhh.de

💻 https://www.vzhh.de

📅 Montag bis Donnerstag 10:00-18:00 Uhr
Freitag 10:00-16:00 Uhr

Information und Anmeldung zu den Fachberatungen, Entnahme von Ratgebern und Faltblättern, Testberichte und Ausstellungen

Mieterschutzverein

Seit 1950 engagiert sich der Mieterverein bundesweit für die Rechte und Interessen der Mieter und berät umfassend in mietrechtlichen Fragen.
Die Wohnung markiert den persönlichsten Lebensbereich eines Menschen. Daher sind Unstimmigkeiten und Fragen rund um ein Mietverhältnis für die Mieter oft belastend. Auch können Rechte und Pflichten aus einem Mietvertrag erhebliche finanzielle Auswirkungen haben, denn vielfach geben Haushalte die Hälfte ihres Einkommens und mehr für ihre Miete aus.
Um Sie zu entlasten, steht Ihnen der Mieterschutzverein für alle Fragen im Zusammenhang mit Begründung, Bestehen und Beendigung eines Mietvertrages zur Verfügung. Ob es bereits zu einer Meinungsverschiedenheit zwischen Ihnen und Ihrem Vermieter gekommen ist oder Sie erst einmal Ihre Rechtsposition klären möchten, qualifizierte und erfahrene

Berater sind für Sie da und helfen Ihnen. Dabei versuchen
diese, es möglichst nicht zu gerichtlichen Auseinandersetzungen
kommen zu lassen.
Nutzen Sie die Vorteile, die Ihnen eine Mitgliedschaft im
Landesverband hamburgischer Mieterschutz e.V. bietet. Zu den
Leistungen der Mieterhilfe Hamburg gehören:

Rechtsberatung
kompetente Beratung bei Fragen zu Rechten und Pflichten aus
Ihrem Mietvertrag

Betriebs- & Heizkosten
Rechtsberatung bei Fragen zu Betriebs- und Heizkosten,
Plausibilitätsprüfung und eingehende Prüfung Ihrer Abrechnung

Mieterhöhung & Mietminderung
Rechtsberatung bei Fragen zu Mieterhöhungen,
Mängelbeseitigungen, Mietminderungsansprüchen,
Kautionsrückzahlungen u.a.

außergerichtliche Vertretung
außergerichtliche Vertretung der Mitglieder durch den
Mieterschutzverein - einschließlich erforderlicher Korrespondenz
mit dem Vermieter
Aufgrund gesetzlicher Vorschriften darf der Mieterschutzverein
Hamburg Sie in einem gerichtlichen Verfahren leider nicht
vertreten. Im Falle eines Rechtsstreits mit Ihrem Vermieter wird
empfohlen qualifizierte Rechtsanwälte, die langjährige
Erfahrung in Mietrechtsprozessen haben, mitzubringen.
Vertiefende Informationen finden Sie auf der Homepage des
Mieterschutzvereins.

Landesverband hamburgischer Mieterschutz e.V.

Schillerstraße 47-49

22767 Hamburg-Altona (direkt am Bahnhof Altona)

☎ 040 / 39 53 15

🖶 040 / 3 90 69 92

@ info@mieterschutz-hamburg.de

Notfallnummer Mitglieder: 0174 / 6 15 94 21

💻 https://mieterschutz-hamburg.de/

📅 Montag, Dienstag und Mittwoch: 15:30 - 19:00 Uhr

Wenn Sie Mitglied werden wollen:

Der Jahresbeitrag beträgt 48,-€ (für Gewerbemieter 84,-€) zusätzlich einer einmaligen Aufnahmegebühr in Höhe von 8,-€. Die Mindestmitgliedschaft beträgt zwei Jahre. Für Mitglieder (z.B. Ehepartner, Lebensgemeinschaften), die einen gemeinsamen Haushalt führen, wird nur ein Beitrag erhoben. Dies gilt solange, wie die Mitglieder eine gemeinsame Wohnung nutzen.

Mieter helfen Mietern e.V.

In diesem Verein finden Sie kompetente Hilfe in allen Fragen rund um das Mietrecht.

Dafür ist ein Mitgliedsbeitrag notwendig, siehe folgende Angaben:

Mitgliedsbeiträge:

65 € Mitgliedsbeitrag jährlich

29 € Prozesskostenschutzversicherung (optional)
Als Mitglied profitieren Sie von folgenden Vorteilen:
Sie können sich ohne Wartezeit sofort nach Betritt in einer von
zwölf MhM-Beratungsstellen beraten lassen.
Sie zahlen keine Aufnahmegebühr.
Ihnen stehen 50 im Mietrecht versierte und erfahrene
Rechtsanwälte und Juristen zur Seite.
Sie stärken die Lobby der Hamburger Mieterinnen und Mieter,
denn Mieter helfen Mietern setzt sich mit Öffentlichkeits- und
Gremienarbeit für eine mieterfreundliche Wohnungspolitik ein.
Sie entscheiden, ob Sie zusätzlich eine
Prozesskostenversicherung für 29 € **ohne Selbstbeteiligung**
abschließen möchten.
Die außergerichtliche Beratung ist im Mitgliedsbetrag enthalten.
Ist ein Prozess unvermeidbar, zahlt sich der rechtzeitige
Abschluss einer Prozesskostenversicherung aus. So können Sie
Ihr Recht im Notfall kostenfrei vor Gericht durchsetzen.

Beitragsermäßigungen/Sondertarife:
ALG II- und Grundsicherungsempfänger können für einen
Jahresbeitrag von 40 € Mitglied werden. Eventuell ist auch eine
Kostenübernahme durch die Hamburger Sozialbehörde möglich,
die auf der Kooperationsvereinbarung zwischen MhM und der
Behörde für Arbeit, Soziales, Familie und Integration basiert.
Fragen Sie bitte bei dem zuständigen Sachbearbeiter Ihres
Leistungsträgers nach.
Studierende und Auszubildende können in der MhM-
Zentrale, Bartelsstraße 30 eine zweimonatige Kurzmitgliedschaft
abschließen. Diese kostet bis Ende Oktober noch 20 €, ab 1.
November 2019 dann 35 €. Die Bezahlung dieses Beitrages
erfolgt nur in bar und vor Ort.
Gewerbetreibende, die ihr gewerbliches Mietverhältnis

versichern wollen, erhalten gesonderte Beitragskonditionen. Fragen Sie gerne nach.

Erben können eine Jahresmitgliedschaft für 65 € abschließen. Diese endet automatisch nach 12 Monaten. Dieser Zeitraum genügt im Regelfall, um ein geerbtes Mietverhältnis abzuwickeln.

Nachfolgend sind alle MhM-Beratungsstellen aufgelistet: Kommen Sie einfach zu den angegebenen Zeiten vorbei. Sie werden dort von den Mietrechts-Juristen beraten. Voraussetzung für eine Beratung ist eine Mitgliedschaft bei MhM. Sie können vor Ort direkt beitreten und sofort beraten werden.

Hauptgeschäftsstelle:

✉ Bartelstr. 30
   20357 Hamburg

☎ 040 / 43 13 94-0
Rechtstelefon: 040 / 431 394 77
(Montag und Freitag 10:00-12:00 Uhr; Mo-Do 14:00-16:00 Uhr)

Onlineberatung möglich über
http://mhmhamburg.de/online-beratung.html

🖶 040 / 43 13 94-44
@ info@mhmhamburh.de
💻 http://www.mhmhamburg.de

Schanzenviertel

✉ Bartelsstraße 30
   20357 Hamburg

🕐 Montag, Dienstag, Donnerstag 15.30 – 18.30 Uhr
Freitag 10.00 – 12.00 Uhr

Nebenkostenberatung
🕐 Montag und Donnerstag 16.00 – 17.00 Uhr
Freitag 10.00 – 12.00 Uhr

Wohnen mit Hartz IV
🕐 Mittwoch 14.00 - 15.00 Uhr

Renovierungssprechstunde
🕐 Mittwoch 15.00 - 16.00 Uhr

Modernisierungssprechstunde
🕐 Mittwoch 16.00 - 17.00 Uhr

Altona
✉ Motte in Ottensen,
Rothestraße 48
22765 Hamburg
🕐 Dienstag 16.30 – 18.00 Uhr
Mittwoch 12.00 – 13.00 Uhr

Barmbek
✉ in der Beratungsstelle Barmbek
Poppenhusenstraße 1
22305 Hamburg
🕐 Mittwoch 14.30 – 16.30 Uhr

Eimsbüttel

✉ Hamburg-Haus Eimsbüttel
Doormannsweg 12, Raum 20
20259 Hamburg

🕐 Dienstag 12.30 – 13.30 Uhr

Langenhorn

✉ Bürgerhaus Langenhorn, Raum 4, 1. Stock
Tangstedter Landstraße 41
22415 Hamburg

🕐 Montag 15.00 – 17.00 Uhr

St. Pauli

✉ Kölibri, GWA,
Hein-Köllisch-Platz 12
20359 Hamburg

🕐 Mittwoch 16.00 – 17.00 Uhr

Steilshoop

✉ Schreyerring 27, im Cafe hinterer Raum
22309 Hamburg

🕐 Dienstag 17.00 – 18.00 Uhr

Wandsbek

✉ Bezirksamt Wandsbek, Zimmer 300, 3. Stock
Schloßstraße 60

22041 Hamburg
🕐 Donnerstag 16.00 – 17.00 Uhr

Wilhelmsburg
✉ Bücherhalle Kirchdorf,
Wilhelm-Strauß-Weg 2
21109 Hamburg
🕐 Donnerstag 16.00 – 17.00 Uhr

Fachstellen für Wohnungsnotfälle

Um gar nicht erst Mietschulden anzuhäufen, die zu
Wohnungsverlust führen können, sollten Sie stets darauf achten
Ihre Miete, Ihre Strom- und Ihre Heizungskosten zu bezahlen,
bevor Sie andere Ausgaben tätigen. Gerade wenn sich auch
Kinder im Haushalt befinden, sollten Sie darauf bedacht sein,
Ihren Wohnraum zu erhalten, gerade derzeit, in der bezahlbarer
Wohnraum fast unauffindbar ist.
Sollte es doch einmal eng werden, holen Sie sich auf jeden Fall
rechtzeitig Hilfe.
Die Fachstelle hilft bei Wohnungssicherung, in dem z.B.
Mietschulden in Form eines Darlehens oder einer Beihilfe
übernommen werden.
Bei bereits eingetretener Wohnungslosigkeit, werden Sie bei der
Wohnungssuche bestmöglich unterstützt.
Sollten Sie plötzlich, von heute auf morgen, Ihre Wohnung
verlieren, so vermittelt die Fachstelle Ihnen einen Platz in einer
öffentlich-rechtlichen Unterkunft.
Sie erhalten also Beratung und Hilfe in folgenden Fällen:

- Mietrückstände
- fristlose Kündigung
- Räumungsklage
- Schwierigkeiten mit Vermietern
- Wohnungsräumung
- Obdachlosigkeit
- Vermittlung von Wohnraum an Obdachlose sowie Menschen,
  die in Wohnunterkünften leben.

Unter *https://www.hamburg.de/behoerdenfinder* Stichwort
„Wohnungsnotfälle" finden Sie alle Kontaktdaten der
bezirklichen Fachstellen. Um Ihnen im Fall der Fälle die Suche
zu erleichtern finden Sie nachfolgend die Fachstellen für
Wohnungsnotfälle:

🏠	✉ und ☎	📅
Altona	Alte Königstr. 29-39 22767 Hamburg 040 / 428 11-39 72	Mo, Di, Fr 08:00-12:00 Do 08:00-16:00
Bergedorf	Weidenbaumweg 21, Eingang C 21029 Hamburg 040 / 428 91-21 21	Mo und Do 08:00-16:00 Di und Fr 08:00-13:00
Eimsbüttel	Grindelberg 62-66 20144 Hamburg 040 / 428 01-19 61	Mo und Di 08.00-14:00 Mi 08:00-12:00 Do 08:00-18:00
Harburg	Harburger Rathausforum 1	Terminvergabe über Eingangszone des SDZ

	21073 Hamburg 040 / 428 71-26 28	Mo und Fr 08:00-12:00 Di 08:00-16:00 Do 08:00-18:00 nach telefonischer Vereinbarung: 08:00-09:00
Hamburg-Mitte	Caffamacherreihe 1-3 20355 Hamburg 040 / 428 54-49 43	Di und Do 08:30-12:30 und nach telefonischer Vereinbarung
Hamburg-Nord	Kümmelstr. 7 20249 Hamburg 040 / 428 04-53 61 oder -53 62	Di 10:00-12:00 Do 14:00-16:00 und nach telefonischer Vereinbarung
Wandsbek	Wandsbeker Allee 71-73 22041 Hamburg 040 / 428 81-27 72	Di 10:00-12:00 Do 13:00-15:00 und nach telefonischer Vereinbarung

Wohngeld

Für Gering-Verdienende gibt es die Möglichkeit beim Wohnungsamt einen Antrag auf Wohngeld, bzw. Lastenzuschuss bei Eigentum der Wohnung zu stellen.
Die Anträge hierfür erhalten Sie bei den Wohnungsämtern in Ihrem Bezirk. Alle wesentlichen Informationen und die Wohngeldantragsformulare finden Sie auf der Seite:
https://www.hamburg.de
Bitte geben Sie das Stichwort Wohngeld in das Suchfenster ein.
Hier finden Sie gute Argumente einen Wohngeldantrag in Erwägung zu ziehen:

Keine Angst vor einem Wohngeldantrag - Zehn Gründe sprechen dafür!

Rund eine Million Haushalte haben Anspruch auf Wohngeld – aber beantragen es nicht. Dabei sind es im Schnitt rund 150 Euro, die der Staat Wohngeldempfängern zur Miete zuschießt. Wohngeld gehört zu den wenig bekannten Ansprüchen, die die Bürger an den Staat haben. Viele Anspruchsberechtigte scheuen sich aber, den Antrag zu stellen. Sie glauben, es habe etwas mit Hartz IV zu tun, fürchten eine Stigmatisierung oder denken, es kommen am Ende doch nur zehn oder 20 Euro mehr im Monat heraus. Der Aufwand lohne doch nicht, alles viel zu kompliziert. Doch solche Sorgen sind unbegründet.

1. Wohngeld macht einen Unterschied

Wer ein kleines Einkommen hat, erhält durch Wohngeld mehr finanziellen Spielraum. Ein Beispiel: Eine vierköpfige Familie mit einem Brutto-Einkommen von 2.300 Euro und einer Miete von 700 Euro würde in Hamburg 271 Euro Wohngeld bekommen. Bei einem Einkommen von 2.800 Euro blieben immer noch 126

Euro. Selbst bei 3.000 Euro gäbe in diesem Beispiel dann noch 65 Euro. Erst ab einem Brutto-Einkommen von 3180 Euro gibt es kein Wohngeld mehr. (errechnet nach dem Wohngeldrechner Hamburg für 2020/2021)

2. Wohngeld gibt es für viele
Derzeit gibt es 480.000 Haushalte, die Wohngeld beziehen. Die Hälfte davon sind Rentner, fünf Prozent Auszubildende oder Studenten und 40 Prozent Erwerbstätige – meist mit Familie. Experten schätzen aber, dass nur jeder dritte Anspruchsberechtigte überhaupt einen Antrag stellt.

3. Wohngeld gibt es auch für Hausbesitzer
Auch Besitzer einer Wohnung oder eines Einfamilienhauses können Wohngeld erhalten, wenn sie selber darin wohnen und knapp bei Kasse sind. Dieses Wohngeld heißt dann „Lastenzuschuss“ und beträgt im Schnitt 215 Euro.

4. Keine zusätzlichen Pflichten
Anders als bei ALG II müssen Sie keine Auflagen vom Jobcenter oder einer ähnlichen Stelle erfüllen. Es gibt keine Vorschriften, wie groß die Wohnung sein darf. Sie müssen auch nicht wie beim ALG II Bezug jede kleine Änderung Ihrer Finanzen mitteilen. Nur wenn sich die Miete oder das Einkommen um mehr als 15 Prozent verändern oder die Zahl der Mitbewohner steigt bzw. sinkt, dann müssen Sie sich beim Wohngeldamt melden.

5. Ihr Vermögen wird nicht angetastet
Wohnen Sie alleine, bleiben bei der Wohngeldberechnung 60.000 Euro Vermögen unberücksichtigt. Für jedes weitere

Haushaltsmitglied sind es zusätzliche 30.000 Euro, so regelt es die Verwaltungsvorschrift zum Wohngeld. Bei einer vierköpfigen Familie werden also 150.000 Euro Vermögen nicht angetastet.

6. Das Wohngeld steigt um knapp ein Drittel

Das neue Wohngeldstärkungsgesetz trat zum 01. Januar 2020 in Kraft. Damit soll der Zuschuss um etwa 30 Prozent steigen. Auch die Zahl der Berechtigten wird mit dem neuen Gesetz um etwa 40 Prozent zunehmen. Wer also in der Vergangenheit keinen Wohngeldanspruch hatte, sollte ihn unbedingt noch einmal per Antrag überprüfen.

7. Erster Überblick mit dem Wohngeldrechner

Wenn Sie wissen wollen, ob Sie einen Anspruch auf Wohngeld haben, können Sie einen Wohngeldrechner benutzen. Für Hamburg gibt es auf der Internetseite *https://www.smart-rechner.de/wohngeld/ratgeber/wohngeldrechner_hamburg.php* einen Wohngeldrechner, der bereits die neue Gesetzeslage ab 2020 berücksichtigt.

8. Es gibt Hilfe beim Antrag

Ja, der Antrag ist umfangreich. Im Hamburger Antrag zum Beispiel gibt es für eine vierköpfige Familie gut sechs engbedruckte Seiten auszufüllen. Doch die meisten Angaben sind mit dem Lohn- oder Steuerbescheid und dem Mietvertrag abgedeckt. Die Bürgerämter sind verpflichtet, Ihnen beim Ausfüllen zu helfen. Aber auch Mietervereine oder Beratungsstellen von Caritas, Diakonie oder Arbeiterwohlfahrt helfen Ihnen dabei Ihren Antrag auf Wohngeld auszufüllen.

9. Kinderzuschlag mit beantragen

Familien, die Wohngeld beziehen, haben oft auch Anspruch auf
den Kinderzuschlag. Stellen Sie daher beide Anträge
gleichzeitig.

10. Zehn Prozent extra für die Heizkosten

Eine häufige Kritik an der bestehenden Wohngeldregelung ist,
dass sie nur die Bruttokaltmiete berücksichtigt, also Miete plus
Nebenkosten, aber ohne Heizung, Warmwasser oder Strom. Im
„Klimapäckchen" hat die Bundesregierung angekündigt, das
Wohngeld um 10 Prozent erhöhen zu wollen, um auch die
Heizkosten zu berücksichtigen.

Aktuelle Angemessenheitsgrenzen der Bruttokaltmieten (ohne Heizkosten) bei Bezug von Leistungen nach SGB II und SGB XII und nach dem Asylbewerberleistungsgesetz (gültig seit dem 06.03.2020)

Angemessenheit der Kosten

Die Angemessenheitsgrenzen legen fest, bis zu welcher Höhe
Mieten und vergleichbare Kosten für Unterkünfte für
Leistungsberechtigte übernommen werden können.

Der Maßstab einer angemessenen Miete ist die Bruttokaltmiete.
Diese umfasst die Kaltmiete und die Betriebskosten. In den
Betriebskosten sind seit dem 1. Juni 2019 auch die
Wasserkosten enthalten.

Heizkosten werden in Hamburg grundsätzlich gesondert übernommen.

Angemessenheitsgrenzen für Bruttokaltmieten
(ohne Heizkosten)

Haushaltsgröße	Alte Beträge*	Angemessenheitsgrenze seit 06. März 2020**
1 Person	495,00 Euro	501,50 Euro
2 Personen	603,00 Euro	609,60 Euro
3 Personen	732,75 Euro	755,25 Euro
4 Personen	880,20 Euro	909,00 Euro
5 Personen	1.164,45 Euro	1.180,20 Euro
6 Personen	1.328,40 Euro	1.345,20 Euro
Jede weitere Person	166,05 Euro	168,15 Euro

*bis 05.03.2020 - ohne Heizkosten und ohne Wasserkosten
** ohne Heizkosten, mit Wasserkosten

In besonderen Lebenslagen oder in einigen Stadtteilen können zu den Angemessenheitsgrenzen Zuschläge hinzugerechnet werden. Nähere Informationen bekommen Sie bei Ihrer zuständigen Dienststelle oder unter *www.hamburg.de/infoline* (Fachanweisungen zu § 22 SGB II sowie § 35 und § 42a SGB XII).

Näheres finden Sie unter:
https://www.hamburg.de/leistungen-hilfen und
https://www.hamburg.de/basfi/fa-sgbii-kap03-22/4269084/fa-sgbii-22-kdu

Nebenkosten sparen mit Stromsparcheck Plus

Für Haushalte mit einem kleinen Einkommen, dass sich unterhalb der Pfändungsfreigrenze von derzeit 1179,99 € für eine Einzelperson bewegt, besteht die Möglichkeit einer kostenlosen Energieberatung, die Sie in Ihren eigenen vier Wänden durchführen lassen können. Als Resultat dieser Beratung lässt sich bei den nicht unerheblichen Stromkosten der eine oder andere Euro einsparen.

Zudem können Haushalte für den Kauf eines neuen A++ Kühlschranks einen Zuschuss von 100 Euro erhalten, bei Kauf eines A+++ Gerätes gibt es sogar 150 Euro. Voraussetzung ist, dass das Altgerät mindestens zehn Jahre alt sein und fachgerecht entsorgt werden muss.

Näheres erfahren Sie hier:

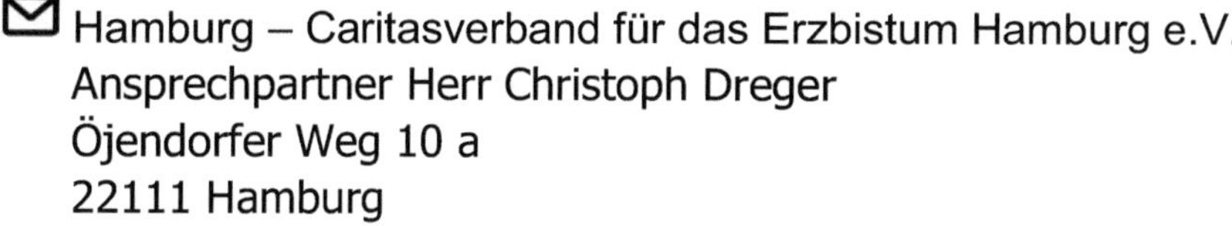

✉ Hamburg – Caritasverband für das Erzbistum Hamburg e.V.
Ansprechpartner Herr Christoph Dreger
Öjendorfer Weg 10 a
22111 Hamburg

☎ 040 / 280 140-381

@ Stromsparcheck-Hamburg@Caritas-im-Norden.de

🖥 https://www.stromspar-check.de/

Kostenlose Rechtsberatungen

In folgenden Anlaufstellen und Einrichtungen finden Sie
kostenlose Rechtsberatung zu den Themen Miete,
Versicherung, Behörden, Schulden, Konflikte im Arbeitsbereich
und in der Familie:

Freie Rechtsberatung in St. Pauli für St. Pauli

Vor 10 Jahren hat die St. Pauli Kirche gemeinsam mit der
Bürgerstiftung Hamburg eine Rechtsberatung eingerichtet. Seit
dieser Zeit hilft ein Team von juristischen Fachleuten Menschen
auf St. Pauli und steht mit gutem Rat vor Ort zur Seite.
Ratsuchende mit ganz unterschiedlichen Problemen haben die
Beratung in diesen 10 Jahren besucht. Im Dschungel zwischen
Paragraphen und Beamtendeutsch ist Hilfe oftmals notwendig.
Häufig kann schon ein Gespräch helfen, um die
Berührungsängste vor Behörden zu nehmen.
Die Beratung steht Ihnen bei folgenden Themen zur Seite:

- Mietangelegenheiten
- Versicherungsangelegenheiten
- Behördenangelegenheiten
- Schulden
- Konflikte im Arbeitsbereich
- Familie
- Konflikte mit dem Recht

Beratung jeden Mittwoch.
Anmeldung: 17.30 bis 18.00 Uhr.
Nach Ihrer Anmeldung werden Sie direkt im Anschluss oder
nach kurzer Wartezeit beraten.

 St. Pauli Kirche/Pastorat
Pinnasberg 81

20359 Hamburg
☎ 040 / 31 26 96 (Kirchenbüro)

Ev.-Luth. Kirchengemeinde zu Hamburg-Hamm

Rechtsberatung
Jeden 1. und 3. Mittwoch im Monat (außer in den Sommer- und Weihnachtsferien)
Anmeldung ab 17.30 Uhr vor Ort. Unter Tel. 040 / 21901218 erhalten Sie Auskunft über die aktuelle Wartezeit.
Die Bürgerstiftung Hamburg und die Kirchengemeinde haben die Beratung zu folgenden Themen eingerichtet:
- Mietangelegenheiten
- Versicherungsangelegenheiten
- Behördenangelegenheiten
- Familie
- Konflikte im Arbeitsbereich
- Schulden
- Konflikte mit dem Recht.
Ein ehrenamtliches Team aus juristischen Fachleuten ist bereit, Menschen zu helfen, die in Not geraten sind. Die Beratung ist kostenlos. Bitte bringen Sie Ihre Unterlagen mit!

🏠 Ev.-Luth. Kirchengemeinde zu Hamburg-Hamm
Horner Weg 17
20535 Hamburg
☎ 040 / 21901210
🖨 040 / 21901211
@ info@hammer-kirche.de
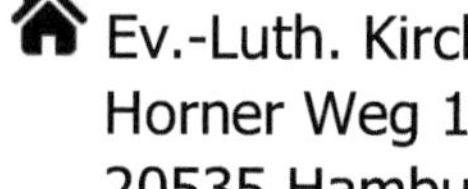 https://www.kirche-hamburg.de/gemeinden/ev-luth-kirchengemeinde-zu-hamburg-hamm/erwachsene/rechtsberatung.html

DRK-Zentrum Osdorfer Born

Im Rahmen des Projekts „Guter Rat vor Ort" gibt es die Möglichkeit, im DRK Zentrum Osdorfer Born in vielfältigen Lebens- und Rechtsbereichen kostenlose Beratung zu erhalten. Dieses regelmäßige Beratungsangebot steht Bewohnern des Stadtteils zur Verfügung, die Beistand im Umgang mit Behörden und Ämtern, insbesondere bei der Bearbeitung von Schriftverkehr, oder bei der Bewältigung rechtlicher Probleme im Alltag benötigen.

Die Beratungstätigkeit beruht auf einer gemeinsamen Initiative der BürgerStiftung Hamburg und des Sozialdienstes katholischer Frauen e.V. Hamburg-Altona (SkF). Ein eingespieltes Team von ehrenamtlich tätigen Juristinnen und Juristen steht mit jeweils zwei Ratgebern Hilfesuchenden bei ihren Problemen zur Seite.

Dabei geht es vor allem um Fragen aus den Bereichen des Sozialrechts (Hartz IV/ALG II), aber auch um Mietprobleme und familienrechtliche Angelegenheiten. Hinzu kommt Versicherungsrecht einschließlich des Krankenversicherungsrechts und allgemeine vertragsrechtliche Fragen, die insbesondere auf den Abschluss von Handy-Verträgen oder die Annahme von Internet-Vertragsangeboten zurückzuführen sind. In Zeiten der steigenden Energiepreise hilft das Beratungsteam auch bei Problemen mit der Nebenkostenabrechnung bei Mietwohnungen.

🏠 DRK-Zentrum Osdorfer Born
Bornheide 99
22549 Hamburg

☎ 040 / 84 90 80 83

@ k.todorovic@drk-altona-mitte.de

 Beratung immer Donnerstag von 09:00-11:00 Uhr
(nicht während der Sommerferien)

Weitere Anlaufpunkte für die Rechtsberatung:

🏠 Gemeindezentrum St. Ansgar

Michaelisstraße 5
20459 Hamburg-Neustadt

☎ 040 / 37 12 33

📅 Beratung: Dienstag 09.30 bis 12:00 Uhr
(nicht während der Ferienzeiten)

🏠 Beratungsstelle Mitte Soziale Beratungsstelle für Wohnungslose

St. Georgstraße 9
20099 Hamburg-St. Georg

☎ 040 / 254 13 40

📅 Mittwoch 09.30 bis 11.30 Uhr

🏠 Gemeindehaus der Immanuelkirche auf der Veddel

Wilhelmsburger Straße 73
20539 Hamburg

☎ 040 / 781 027 93

📅 jeden 1., 3. und 5. Dienstag im Monat 18:00 bis ca. 19.30 Uhr

🏠 **Beratungsstelle für Frauen, Familien und Schwangere**
Schomburgstraße 120
22767 Hamburg-Altona
☎ 040 / 43 31 56
📅 Mittwoch 09.30 bis 11.30 Uhr

🏠 **Beratungsstelle CASEMIR im Reiherstiegviertel**
Rotenhäuser Damm 58
21107 Hamburg-Wilhelmsburg
☎ 040 / 730 865 980
📅 jeden 2. und 4. Donnerstag im Monat von 10:00 bis 12:00 Uhr

🏠 **Die Kuhle**
Rantumer Weg 15
22117 Hamburg-Billstedt
☎ 040 / 712 05 03
📅 Jeden 1. und 3. Dienstag im Monat von 17:00 bis 19:00 Uhr (nicht während der Sommer- und Weihnachtsferien)

🏠 **Beratungszentrum GPD Nordost Alter Teichweg**
Alter Teichweg 55a
22049 Hamburg-Dulsberg
☎ 040 / 682 826 30
📅 Dienstag von 11.00 bis 12.30 Uhr

Sozialgericht Hamburg

Das Sozialgericht ist zuständig, wenn es um Streitigkeiten auf folgenden Gebieten geht:
- Grundsicherung für Arbeitssuchende (ALG II)
- Gesetzliche Krankenversicherung
- Gesetzliche Rentenversicherung
- Schwerbehindertenrecht, soziales Entschädigungsrecht (z.B. Opferentschädigungsgesetz)
- Arbeitslosenversicherung, Arbeitsförderungsrecht
- Sozialhilfe, einschließlich Eingliederungshilfe für behinderte Menschen
- Asylbewerberleistungsrecht
- Gesetzliche Unfallversicherung
- Soziale und private Pflegeversicherung
- Elterngeld
- Vertragsarztrecht

Sozialgericht Hamburg
Dammtorstraße 7
20354 Hamburg

☎ 040 / 115

🖶 040 / 427-9-62005

@ Poststelle@lsg.justiz.hamburg.de

💻 https://justiz.hamburg.de/sozialgericht

🕐 Montag-Donnerstag 09.00 - 15.00 Uhr
    Freitag 09.00 - 14.00 Uhr

Klageaufnahmen und die Aufnahme von Anträgen auf einstweiligen Rechtsschutz u.a.

Antragsdienst: Montag bis Freitag von 09.00 Uhr bis 12.00 Uhr.

Serviceschalter: Montag bis Freitag 09:00-13:00 Uhr

Telefonische Sprechzeiten: Montag, Dienstag, Donnerstag,
Freitag
8.30 - 13.00 Uhr
Mittwoch
8.30 - 15.00 Uhr

Schuldnerberatung Hamburg

Schulden - was tun?

Sie wissen nicht, wie Sie Ihre Miete zahlen sollen? Ihr Mobilfunkanbieter schickt Mahnungen? Ihre Hausbank hat den Dispositionskredit gekündigt?
Die Schuldnerberatung Hamburg ist eine anerkannte Schuldnerberatung und hilft weiter, wenn Ihnen die Schulden über den Kopf wachsen. Kommen Sie in die Notfallsprechstunden oder
vereinbaren Sie einen Beratungstermin in einer der Beratungsstellen in Ihrer Nähe.

SCHULDNERBERATUNGSSTELLEN HAMBURG

Diese Einrichtungen bieten umfassende Beratung zu allen Fragen der Verschuldung, wie zum Beispiel bei Lohn- oder Kontopfändung. Darüber hinaus helfen sie als anerkannte

Stellen nach Paragraph 305 der Insolvenzordnung (InsO) bei der Durchführung des Verbraucherinsolvenzverfahrens.

Anmeldung zur Beratung

Die Anmeldezeiten finden Sie in der unten stehenden Tabelle.

Notfallsprechstunden

Die Notfallsprechstunden richten sich an Bürger mit akuten Schuldenproblemen. Die Inanspruchnahme kann zum Beispiel sinnvoll sein, wenn eine Kontopfändung bzw. Lohnpfändung ansteht oder sich der Gerichtsvollzieher angekündigt hat.
Bei der Kontaktaufnahme mit der Beratungsstelle wird die Notlage geprüft - ggf. werden umgehend erste Maßnahmen in die Wege geleitet. Die Notfallberatung ist kostenfrei. Die Termine finden Sie in der unten stehenden Tabelle.

Beratungsstellen:

👪	🕐	⏱️
afg worknet GmbH Schuldnerberatung Neue Große Bergstraße 20 22767 Hamburg 040 / 20 94 75 - 60	Mo 10:00-12:00 jeden letzten Di im Monat 16:00-18:00 Mi 14:00-16:00 Do 10:00-12:00 Fr 10:00-12:00	Mo 10:00-12:00 persönlich und telefonisch jeden letzten Di im Monat 16:00-18:00 Mi 14:00-16:00 persönlich und telefonisch Fr 10:00-12:00 persönlich und telefonisch
afg worknet GmbH Schuldnerberatung Paul-Ehrlich-Str. 3	Di 10:00-12:00 Do 14:00-16:00	Di 10:00-12:00 persönlich und telefonisch Do 14:00-16:00

22763 Hamburg 040 / 8 55 04 66-77	jeden 2. Do im Monat zusätzlich 16:00-18:00	persönlich und telefonisch jeden 2. Do im Monat zusätzlich 16:00-18:00
Deutsches Rotes Kreuz Hamburg Gesellschaft für soziale Beratung und Hilfe mbH Schuldner- und Insolvenzberatung Behrmannplatz 3 22529 Hamburg 040 / 554 20-121	siehe Notfallsprech-zeiten	Mo 10:00-12:00 persönlich und telefonisch Di und Do 10:00-12:00 und 16:00-17:00 persönlich und telefonisch Fr 10:00-12:00 persönlich und telefonisch
Diakonisches Werk Schuldnerberatung Altona Königstr. 54 22767 Hamburg 040 / 30 620 385	Di und Do 10:00-12:00	Mo, Di, Do 10:00-12:00 persönlich und telefonisch Mi 11:00-13:00 persönlich und telefonisch
Diakonisches Werk Schuldnerberatung Barmbek Wohldorfer Straße 7 22081 Hamburg 040 / 30 620 390	Di 10:00-12:00 Mi 14:00-16:00	Di 10:00-12:00 persönlich und telefonisch Mi 14:00-16:00 persönlich und telefonisch
Diakonisches Werk Schuldnerberatung Hamm Horner Weg 19	Mo 10:00-12:00 Do 14:00-16:00	Mo 10:00-12:00 persönlich und telefonisch Do 14:00-16:00

20535 Hamburg 040 / 30 620 470		persönlich und telefonisch
hamburger arbeit GmbH Schuldnerberatung Hammer Steindamm 44 22089 Hamburg 040 / 65 80 45 00	Di 09:30-12:00 und 13:30-15:00 Fr 09:30-12:00	Di 10:00-12:00 und 14:00-16:00 persönlich und telefonisch Mi 08:00-10:00 und 17:00-19:00 persönlich und telefonisch an jedem 1. Mittwoch im Monat Do, Fr 10:00-12:00 telefonisch
hamburger arbeit GmbH Schuldnerberatung Bergedorf Sander Markt 12 21031 Hamburg 040 / 4 10 98 59-0 oder -3	Mo 09:30-12:00 Do 10:00-11:30	Mo 10:00-12:00 telefonisch Do 10:00-12:00 persönlich und telefonisch
H.S.I. Hamburger Schuldner- und Insolvenzberatung im Verein Kinder- und Jugendhilfe Geschäftsstelle Harburg Martin-Leuschel-Ring 14 21073 Hamburg 040 / 41 36 08-0	Mo-Mi 10:00-12:00 und 14:00-16:00 Do 14:00-16:00 Fr 10:00-12:00	täglich 09:00-16:00 telefonisch Mo 14:00-16:00 persönlich Mi 10:00-12:00 persönlich Do 16:00-18:00 persönlich

Verbraucherzentrale Hamburg Schuldnerberatung Kirchenallee 22 20099 Hamburg 040 / 2 48 32-0 oder 040 / 2 48 32-109	Mo 10:00-13:00 Di 10:00-13:00 und 16:00-17:30 Mi 10:00-13:00	täglich 09:00-16:00 telefonisch Mo 12:00-14:00 persönlich Di 14:00-16:00 persönlich Mi 16:00-18:00 persönlich Do 10:00-12:00 telefonisch

Kosten der Schuldnerberatung

Eine Übernahme der **Beratungskosten** durch die Stadt ist möglich.

Für wen werden die Kosten übernommen?

Die Beratungskosten werden übernommen für Personen, die laufende existenzsichernde Leistungen nach SGB XII, § 2 AsylbLG, dem Bundesversorgungsgesetz oder den Anwendungsgesetzen beziehen, nach dem Sozialgesetzbuch II (**Grundsicherung für Arbeitsuchende**) leistungsberechtigt sind, ausschließlich Eingliederungshilfe nach §§ 53ff. SGB XII, Hilfe zur Pflege nach §§ 61ff. SGB XII oder Hilfe zur Überwindung besonderer sozialer Schwierigkeiten nach §§ 67ff. SGB XII erhalten, bei denen jedoch aufgrund ihrer Schuldensituation die Inanspruchnahme von Leistungen zum Lebensunterhalt droht.

Wer muss die Kosten selbst tragen?

Wer über ausreichend eigene Mittel verfügt, muss sich angemessen an den Beratungskosten beteiligen oder bezahlt die Schuldnerberatung vollständig selbst.

Die Übernahme der Kosten hängt von der Höhe des Netto-Haushalts-Einkommens ab. Die Einkommensgrenzen sind dabei gestaffelt, so dass ab einer bestimmten Einkommenshöhe ein Eigenanteil von 180 Euro an die Beratungsstelle zu zahlen ist (siehe unten). Die restlichen Kosten übernimmt dann das zuständige Grundsicherungs- und Sozialamt beziehungsweise Jobcenter team.arbeit.hamburg.

Einkommensgrenzen

Der Tabelle auf Seite 95 können Sie entnehmen, bis zu welchem Einkommen die Beratungskosten übernommen werden und ab wann ein Eigenanteil zu zahlen ist. Dabei werden grundsätzlich alle Netto-Einnahmen (Lohn, Sozialleistungen, Kindergeld etc.) der Haushaltsmitglieder zusammengerechnet.
Pfändungen, die das verfügbare Einkommen entsprechend den Bestimmungen nach Paragraf 850c Zivilprozessordnung mindern, werden ebenfalls berücksichtigt.

Erläuterungen

Die Einkommensgrenzen sind gestaffelt nach der Haushaltsgröße ("Personenzahl im Haushalt"). Je nach Höhe des Einkommens bestehen drei Möglichkeiten:
Kostenlose Beratung: Wer mit seinen monatlichen Netto-Einnahmen **unter** der Einkommensgrenze "kostenlose Beratung" liegt, hat Anspruch auf eine **vollständige** Übernahme der Beratungskosten.
Eigenanteil: Personen mit Einnahmen, die **zwischen** der Einkommensgrenze "kostenlose Beratung" und der zweiten Einkommensgrenze ("Obergrenze") liegen, müssen sich mit 180 Euro an den Beratungskosten beteiligen. Dieser Eigenanteil ist direkt an die Beratungsstelle zu zahlen. Die restlichen Beratungskosten werden von der Stadt Hamburg übernommen.

Selbstzahler: Keinen Anspruch auf Kostenübernahme hat grundsätzlich, wer mit seinem Netto-Haushaltseinkommen **über** der zweiten Einkommensgrenze ("Obergrenze") liegt. Die Beratungskosten sind vollständig selbst zu bezahlen.
Weitere Einzelheiten erklären Ihnen die Beratungsstellen, die mit Ihnen auch die Kostenübernahme beantragen.

Personenzahl im Haushalt	Kostenlose Beratung bei Nettoeinkommen bis:	Beratung mit Eigenanteil von 180 Euro bei Netto-Einkommen bis:
1 Erwachsener	1.433 €	1.633 €
1 Erwachsener + 1 Kind	1.918 €	2.118 €
1 Erwachsener + 2 Kinder	2.427 €	2.627 €
1 Erwachsener + 3 Kinder	2.912 €	3.112 €
2 Erwachsene	1.821 €	2.021 €
3 (2 Erwachsene + 1 Kind)	2.330 €	2.530 €
4 (2 Erwachsene + 2 Kinder)	2.812 €	3.012 €
5 (2	3.450 €	3.650 €

Erwachsene + 3 Kinder)		
6 (2 Erwachsene + 4 Kinder)	**3.983 €**	**4.183 €**
für weitere Personen = wie Differenz zwischen 5-Personen- / 6-Personen-Haushalt		**+533 €**

Regelbedarfsstufen für ALG II Sozialgeld ab 01.01.2021

1	Alleinstehende, Alleinerziehende, Volljährige mit minderjährigen Partnern, Volljährige, deren Partner inhaftiert ist; Volljährige deren Partner im Pflegeheim lebt sowie Volljährige, die mit ihrem Partner aus Fluchtgründen noch keine Haushaltsgemeinschaft bilden konnten	446 €
2	Volljährige Partner, die nicht zu den o.g. Ausnahmen gehören	401 €
3	Volljährige bis 25 Jahre ohne eigenen Haushalt, die nicht volljährige Partner sind sowie Personen unter 25 J., die ohne Zusicherung umziehen	357 €
4	Kinder von 14 - 17Jahre sowie minderjährige Partner	373 €
5	Kinder von 6 - 13 Jahre	309 €
6	Kinder von 0 – 5 Jahre	283 €

Tipp/Hinweis:
Hinsichtlich der Hilfe beim Ausfüllen von Erst- und Weiterbewilligungsanträgen müssen Sie wissen, dass es eine umfängliche Beratungsverpflichtung der Jobcenter gibt. Diese finden Sie in § 14 SGB I und § 14 SGB II.

Der Wortlaut dieser gesetzlichen Vorschriften lautet:

"§ 14 SGB I Beratung
Jeder hat Anspruch auf Beratung über seine Rechte und Pflichten nach diesem Gesetzbuch. Zuständig für die Beratung sind die Leistungsträger, denen gegenüber die Rechte geltend zu machen oder die Pflichten zu erfüllen sind.

§ 14 SGB II Grundsatz des Förderns
(1) Die Träger der Leistungen nach diesem Buch unterstützen erwerbsfähige Leistungsberechtigte umfassend mit dem Ziel der Eingliederung in Arbeit.
(2) Leistungsberechtigte Personen erhalten Beratung. Aufgabe der Beratung ist insbesondere die Erteilung von Auskunft und Rat zu Selbsthilfeobliegenheiten und Mitwirkungspflichten, zur Berechnung der Leistungen zur Sicherung des Lebensunterhalts und zur Auswahl der Leistungen im Rahmen des Eingliederungsprozesses. Art und Umfang der Beratung richten sich nach dem Beratungsbedarf der leistungsberechtigten Person.

(3) Die Agentur für Arbeit soll eine persönliche Ansprechpartnerin oder einen persönlichen Ansprechpartner für jede erwerbsfähige leistungsberechtigte Person und die mit dieser in einer Bedarfsgemeinschaft lebenden Personen benennen.

Hilfs- und Beratungsangebote
für Kinder, Jugendliche und Eltern

Alleinerziehenden Treffpunkt und Beratung (ATB)

Der ATB bietet Rat und Hilfe für alle Familienmitglieder,
während und nach einer Trennung und Scheidung.
Angesprochen sind:
- alleinerziehende Mütter und Väter
- Kinder und Jugendliche
- Schwangere in Trennung
- Stiefeltern
- Patchwork-Familien
- Großeltern und andere Bezugspersonen der betroffenen
  Kinder

 ATB
Güntherstr. 102
22087 Hamburg
☎ 040 / 250 11 84
🖶 040 / 254 960 85
@ atb-hamburg@t-online.de
💻 https://atb-hamburg.de/
Sozialberatung: 040 / 250 27 77,
SMS für Schwangere: 0176 / 525 72 555
Kindertrennungstelefon: 040 / 25 20 25 oder
                            SMS an 0160 / 590 25 11

Kostenloses Elterntelefon

Der Kinderschutzbund bietet Müttern und Vätern die Gelegenheit anonym mit kompetenten Beratern über ihre Fragen, Anliegen und Erziehungsprobleme zu sprechen. Diese Anrufe sind immer kostenlos. Bei Bedarf erhalten Sie auch Informationen über weitere Hilfsangebote in Hamburg.

☎ 0800 / 111 05 50 oder 040 / 432 927 0

🖨 040 / 432 927 47

@ info@kinderschutzbund-hamburg.de und
   elterntelefon@kinderschutzbund-hamburg.de

💻 https://elterntelefon-hamburg.de und
   https://kinderschutzbund-hamburg.de

Die bundesweiten Beratungszeiten sind:

Montag - Freitag von 9.00 - 11.00 Uhr
Dienstag + Donnerstag von 17.00 - 19.00 Uhr
Darüber hinaus gibt es regional erweiterte Beratungszeiten.

Erweiterte Beratungszeiten in Hamburg:

Montag - Freitag von 9.00 – 13.00 Uhr
Montag - Donnerstag von 17.00 - 19.00 Uhr
auch während der Hamburger Schulferien, ausgenommen sind gesetzliche Feiertage.

Wenn Sie zuverlässig das Hamburger Elterntelefon erreichen wollen, rufen Sie bitte über das Festnetz an.
Die Rufnummer des Elterntelefons erscheint als kostenlose Verbindung nicht auf den Rechnungen (Einzelgebührennachweis) der Telefongesellschaften.

JiZ (Jugendinformationszentrum)

Das Jugendinformationszentrum ist ein Servicecenter für junge Leute. Es gibt umfassendes Informationsmaterial für nahezu alle Lebensfragen. Auch ein umfangreicher Kinderveranstaltungskalender lässt sich hier finden.

🏠 Infoladen
Dammtorwall 11
20354 Hamburg

☎ 040 / 428 23 48 01

@ info@jiz.de

💻 https://www.hamburg.de/jiz

📅 Montag-Donnerstag 12:30-17:00 Uhr
Freitag 12:30-16:30 Uhr
während der Sommerferien Montag-Freitag 12:00-15:00 Uhr

Bürgerstiftung-Hamburg
(Beratung und Information)

Die Bürgerstiftung-Hamburg bietet Beratungs- und Informationsdienstleistungen zu einem breit gefächerten Themenspektrum an. Schwerpunktmäßig richtet sich das Angebot an Kinder und Jugendliche. Es gibt drei geförderte Projektkategorien:

Kulturprojekte:

Theater spielen, Musik machen, tanzen, malen: Kulturelle Projekte helfen Kindern und Jugendlichen, die eigene Identität entdecken und entwickeln zu können. Sie erweitern den Blick auf sich selbst und die Welt um sie herum und

vermitteln eine künstlerische Sprache, um sich ausdrücken und
die Welt erforschen zu können.

Folgende Projekte hat die Bürgerstiftung-Hamburg im Angebot:
1. „Abrax Kadabrax" – Kinderzirkus am Osdorfer Born
2. „Bandklasse" – Instrumentalunterricht in Jenfeld – Otto-
   Hahn-Schule
3. „Blechbeat Studioworks" – Produktion eigener Songs in
   Harburg – Jugendclub Blechkiste
4. „Circus der Kulturen" – interkulturelle Zirkusarbeit in
   Hammerbrook – Circusschule die Rot(z)nasen
5. „Comixx mit Klasse" – geflüchtete Berufsschüler erarbeiten
   mit renommierten Comic-Autoren einen Comic –
   Literaturhaus Hamburg e.V. – Literaturhaus Hamburg e.V.
6. „Don Quijote" – Theaterkooperation des St. Pauli Theater
   und der Stadtteilschule am Hafen
7. „Farbmäuse" – Vorschulkindern bildende Kunst und Sprache
   näher bringen – Lichtwarkschule gGmbH
8. „Gitarre spielen auf dem Dulsberg" – Grundschule Alter
   Teichweg
9. „Hajusom" – transnationale, interdisziplinäre
   Theaterproduktion in St. Pauli – Hajusom e.V.
10. „Jenkitos Jugendensemble" – Theaterprojekte in Jenfeld –
    Quadriga gGmbH
11. „Kidsradio" – afro-deutsche Jugendliche machen Radio –
    TopAfric e.V.
12. „Kleine Kosmonauten" – künstlerische Entdeckungsreisen in
    Jenfeld – Schule Oppelner Straße
13. „Klickerkids" und „Creative Gaming" – Medienbildung für
    Kinder – jaf - Verein für medienpädagogische Praxis
    Hamburg e.V.
14. „Lukulule – Lust an Kunst, Lust am Leben" in Stellingen,
    Altona, Oberhafen – Musik und Tanz für Jugend e.V.
15. „Musica Altona" – interkultureller Instrumentalunterricht –

Musica Altona e. V.
16. „Musik und Tanz für geflüchtete Kinder" – Trommelgruppe
    in der Flüchtlingsunterkunft in Sülldorf – Runder Tisch
    Blankenese
17. „Oscar goes Billstedt" – Filmworkshop – Schulverein Brüder-
    Grimm-Schule
18. „plattform-Festival" – Jugend im Ernst Deutsch Theater
19. „Rap" – Urban Arts und Beatbox, insbesondere für
    geflüchtete Jugendliche – Rap for Refugees e.V.
20. „Rockkids St. Pauli" – Bandprojekt im Hafenviertel – Rock
    Kids St. Pauli e. V.
21. „Schlumper"-Schulprojekt – Integration durch Kunst in
    Altona – Luise-Schröder-Schule
22. „Schreibwerkstatt" – kreative Sprachförderung für Schüler
    in Horn – Stadtteilschule Brüder Grimm
23. „Stadt und Länder" – Theaterarbeit mit geflüchteten Schüler
    der Schule Stübenhofer Weg/Wilhelmsburg – Theater am
    Strom
24. „Step by Step" – Tanzprojekte mit Hamburger Schulen
25. „Tanz Dich frei" – Tanz und Persönlichkeitsstärkung für
    Jugendliche – Lessan e.V.
26. „Theater ohne Grenzen" – Haus brügge in Lohbrügge –
    Sprungbrett e.V.
27. „Theater. Performance. Demokratiebildung" – Tagung zum
    Thema Schultheater
28. „There will be dance" – Tanzprojekt – Erich-Kästner-Schule
29. „Trommelgruppe" – Musik in der Flüchtlingsunterkunft
    Sieversstücken
30. „TUSCH – Theater und Schule" und „Kunstlabor Theater" –
    Partnerschaften von Schulen und Theatern in Hamburg
31. „Wie klingt Mümmel?" – Kinder im Stadtteilkantorat
    Mümmelmannsberg
32. „zusammenwachsen – Stadtmodell Wilhelmsburg" –

Förderung handwerklicher und kreativer Fähigkeiten von
Kindern

Bildungsprojekte:
Von Lesekompetenzen über Naturerforschung bis hin zur
richtigen Ernährungsweise - Bildungsprojekte beschäftigen sich
mit Inhalten und Methoden konkreter Lebensbereiche und
vermitteln Kindern und Jugendlichen Wissen und Kompetenzen
zur Alltagsbewältigung.

Angebotene Projekte:
1. „Aussicht auf Arbeit" – Berufsorientierung für geflüchtete
    Schüler – IV-Klasse der Kurt-Tucholsky-Schule
2. „Bachpatenschaft am Fangdieckgraben" – Naturerkundung
    und Umweltpflege an der Schule Langbargheide in Lurup
3. „Bertini-Preis" – Auszeichnung für das Engagement junger
    Menschen gegen Ausgrenzung und Gewalt
4. „Beruf & Sprache" – Sprachförderung in der Ausbildung –
    ajw
5. „Bettermakers" – Jugendliche betreuen ein Internet-Forum –
    Hamburger Initiative für Menschenrechte
6. „Campusunternehmer" – Projektwoche mit Schüler in Altona
7. „Crazy Bikes" – Fahrrad-Kunst-Werkstatt auf St. Pauli –
    Straßenpiraten e.V.
8. „Der Spatz braucht deine Hilfe" – Naturschutz an
    Grundschulen – Deutsche Wildtierstiftung
9. „Diesterweg-Stipendium" – Bildungsbegleitung und
    Begabungsentfaltung für Grundschüler und ihre Familien –
    Patriotische Gesellschaft von 1765
10. „Future of Ghana Germany" – Job-Mentoring für ghanaische
    Jugendliche

11. „Gesund und munter" – Kochen für Jugendliche in Sandbek
    – Margaretenhort Kinder- und Jugendhilfe gGmbH
12. „Jobbrücke Schnelsen" – Mentorenprojekt zur
    Berufsorientierung
13. „Kleine Lebensraumexperten" – Umweltpädagogik in
    Wilhelmsburg – Naturschutzverband GÖP e.V.
14. „Kleine Naturforscher" – Umweltpädagogik in
    Mümmelmannsberg
15. „Kochgruppe" – Mädchentreff Kirchdorf-Süd – Dolle Deerns
    e.V.
16. „LeseLibelle" – Leseförderung im Osdorfer Born – KL!CK
    Kindermuseum Hamburg
17. „Lesen in Altona" – Leseförderung in Altona-Altstadt
18. „Lesewerkstatt in der Afrikabibliothek" – interkulturelle
    Begegnungen – Interkulturelles Migranten Integrations-
    Center (IMIC)
19. „Minitopia" – Handwerken mit Jugendlichen in Wilhelmsburg
    – Alternation e.V.
20. „MUT Camp" – Berufsorientierung für Jugendliche
21. „NaturForscherPlus" – Kita-Kinder erleben Natur und
    gestalten ihren Kita-Garten – Boberger Dünenhaus der
    Loki Schmidt Stiftung
22. „Naturzeit" – Naturerleben für Grundschulkinder – WAS
    TUN! Stiftung für gesellschaftliches Engagement
23. „Ohrlotsen" – Kinder-Radioredaktion am Osdorfer Born –
    MOTTE e.V.
24. „Plietsche Kinderküche" – Schulkochkurs in Wilhelmsburg –
    SchlauFox e.V.
25. „Schöner Scheitern – Wie aus der Not eine Tugend wird" –
    STS Mitte Griesstraße
26. „Schulhausroman" – Entwicklung eines Romans durch
    Schulklassen und Hamburger Autoren – Literaturhaus

Hamburg e.V.
27. „Sisters Network" – Begegnungs- und Austauschforum für
    Mädchen mit Migrationsgeschichte zum Ende der Schulzeit
    – AUDIYOU gGmbH
28. „Vielseitig integriert" – Begleitung von Jugendlichen in der
    Berufsorientierung – JugendTugend Hamburg e.V.

Bewegungsprojekte:

Beim Turnen, im Mannschaftssport oder in der Kampfkunst
lernen Kinder und Jugendliche, den eigenen Körper zu spüren,
sie trainieren Ausdauer und Beweglichkeit. Gleichzeitig werden
auch soziale, kognitive und emotionale Kompetenzen gestärkt.

Angebotene Projekte:
1. „Aerobic-Kurs" – Mädchentreff Kirchdorf Süd – Dolle Deerns
   e.V.
2. „Alles in Bewegung" – Psychomotorik und Sprachförderung in
   Lurup
3. „Bildung durch Bewegung" – Kinderladen Maimouna e. V.
4. „Eltern-Kind-Turnen" – Psychomotorik in der Lenzsiedlung
5. „Fußball für junge Flüchtlinge" – Integration durch Sport –
   First Contact e.V.
6. „Fußball trifft Kultur" – Fußballtraining kombiniert mit
   Förderunterricht – LitCam gGmbH
7. „Kampfsport für Kinder und Jugendliche auf St. Pauli" –
   GORILLA GYM
8. „Jungenschwimmgruppe Veddel" – Schwimmbadbesuche –
   BI Bildung und Integration Hamburg Süd gGmbH
9. „LuFisch" – Schwimmunterricht für Kinder in Lurup – LuFisch
   e.V.
10. „Motivation für Integration" – Bewegung und Miteinander

für geflüchtete Jugendliche in Osdorf und Wilhelmsburg –
Jugend Tugend Hamburg e.V.
11. „Schwimmspaß" – Schwimmkurse für Kinder in Bramfeld –
NestWerk e.V. mit dem HOT (Hohnerkamp Offener Treff)
12. „Skate and Smile" – Let the Children skate e.V.
13. „Sport und Spiel für Kinder" – Box-Akademie e.V. in Jenfeld
14. „Tollhafen" – Kinderaktionshalle und Mobilplatz auf der
Veddel und Sprach- und Bewegungszentrum Wilhelmsburg
15. „Volleyballgruppe" – Mädchentreff Neuallermöhe – Dolle
Deerns e.V.
16. „Wohnschiffprojekt Altona" – Skaten für geflüchtete
Jugendliche

Aufgrund der Corona-Krise ist es ratsam, sich vorab bei der
Bürgerstiftung-Hamburg darüber zu informieren, welche
Projekte zur Zeit tatsächlich stattfinden können und welche
Projekte in naher Zukunft wieder geplant sind.

🏠 Bürgerstiftung Hamburg
Schopenstehl 31
20095 Hamburg
☎ 040 / 87 88 969 - 60
🖶 040 / 87 88 969 - 61
@ info@buergerstiftung-hamburg.de
https://www.buergerstiftung-hamburg.de

📅 Montag-Donnerstag 10:00 bis 16:00 Uhr
Freitag 10:00 bis 14:00 Uhr telefonisch erreichbar.

Das Hamburger Bildungspaket
Der richtige Start in das Schuljahr

Auf das Hamburger Bildungspaket haben alle Menschen
Anspruch, die Arbeitslosengeld II oder Sozialgeld, Sozialhilfe
oder Grundsicherung im Alter und bei Erwerbsminderung,
Leistungen im Rahmen des Asylbewerberleistungsgesetz,
Wohngeld oder einen Kinderzuschlag nach dem
Bundeskindergeldgesetz beziehen.
Bitte stellen Sie hierfür einen Antrag beim Amt für
Grundsicherung und Soziales oder im Sozialen
Dienstleistungszentrum in Ihrem Bezirksamt. Bei Bezug von
Arbeitslosengeld II oder Sozialgeld muss der Antrag im
zuständigen Jobcenter gestellt werden.

Mit dem Bildungspaket können Sie folgende Leistungen in
Anspruch nehmen:
- Schulbeförderungskosten bei Besuch einer allgemein- oder
  berufsbildenden Schule, ein kostenloses Nahverkehrsticket für
  Schülerinnen und Schüler. Schülerbeförderungskosten in
  tatsächlicher Höhe zur nächstgelegenen Schule des gewählten
  Schultyps. Als nächstgelegene Schule gilt auch eine Schule,
  die aufgrund ihres Profils gewählt wurde, soweit aus diesem
  Profil eine besondere inhaltliche oder organisatorische
  Ausgestaltung des Unterrichts folgt; dies sind insbesondere
  Schulen mit naturwissenschaftlichem, musischem, sportlichem
  oder sprachlichem Profil sowie zweisprachige Schulen, und
  Schulen mit ganztägiger Ausrichtung.
- Kosten für Ausflüge und Fahrten mit der
  Kindertagesbetreuung oder der Schule, Übernahmeanspruch
  für Aufwendungen in tatsächlicher Höhe für Schul- und
  Kitaausflüge, sowie mehrtägige Klassenfahrten im Rahmen der

schulrechtlichen Bestimmungen.
- Leistungen für den Schuldbedarf als Schulbasispaket in Höhe
  von 150€ im Jahr. Dieses wird in zwei Raten zum 1. August in
  Höhe von 100 € und zum 1. Februar in Höhe von 50 €
  ausgezahlt. Das Schulbasispaket wird in Zukunft jedes Jahr in
  gleichem Maß wie der Regelbedarf erhöht.
- Gemeinschaftliche Mittagsverpflegung <u>ohne</u> Eigenanteil.
  Aufwendungen für gemeinschaftliche Mittagsverpflegung sind
  ohne Eigenanteil zu übernehmen, unter der Voraussetzung,
  dass die Mittagsverpflegung in schulischer Verantwortung
  angeboten wird oder durch einen Kooperationsvertrag
  zwischen Schule und Tageseinrichtung vereinbart ist. Das
  bedeutet, es gibt für <u>alle</u> anspruchsberechtigten Kinder ein
  kostenloses warmes Mittagessen in Schule, Kita und
  Kindertagespflege.
- Lernförderung auch dann, wenn die Versetzung in die
  nächsthöhere Klasse nicht gefährdet ist. Neu ist, dass der
  Nachhilfeunterricht, unabhängig davon ob Versetzungsgefahr
  besteht oder nicht, zu erbringen ist. Voraussetzung ist eine
  schulische Nachhilfenotwendigkeitsbestätigung und das eine
  solche Nachhilfe von der Schule selbst nicht erbracht werden
  kann.
- Förderung außerschulischer Aktivitäten in Höhe von 15€ im
  Monat, z.B. für Sport, Musik, etc. Nicht verbrauchte
  monatliche Beiträge können angespart und dann als
  Gesamtsumme ausgegeben werden.

Weitere Informationen zum Bildungspaket finden Sie unter
www.hamburg.de/bildungspaket, über die Telefonnummer
040 / 428 280 oder per E-Mail *bildungspaket@basfi.hamburg.de*

Zusätzlich zu den Leistungen des Bildungspakets finanziert Hamburg allen anspruchsberechtigten Kindern und Jugendlichen einen Jahresausweis für die Hamburger Bücherhallen zur kostenlosen Nutzung der öffentlichen Bibliotheken.

Das Rauhe Haus

Die Stiftung „Das Rauhe Haus" ist eine der ältesten Einrichtungen der Diakonie in Deutschland. Sie engagiert sich mit 1.200 Mitarbeitenden an 100 Standorten in Hamburg und Schleswig-Holstein mit Betreuungs- und Bildungsangeboten für mehr als 3.000 Menschen. Die Stiftung gliedert sich in die Betreuungsbereiche Kinder- und Jugendhilfe, Sozialpsychiatrie, Pflege und Teilhabe mit Assistenz. Ebenfalls zum Rauhen Haus gehören die allgemeinbildende Wichern-Schule, die Ev. Berufsschule für Pflege und die Ev. Hochschule für Soziale Arbeit und Diakonie.
„Das Rauhe Haus" unterstützt und fördert, orientiert an den Bedürfnissen und Zielen der zu Unterstützenden, Kinder, Jugendliche und Familien. Dabei werden vorhandene Fähigkeiten und soziale Bindungen der Familien und jungen Erwachsenen genutzt.
Das Programm und die Angebote sind so vielfältig, dass Sie sich bei Interesse bitte direkt an das Rauhe Haus wenden, um näheres zu aktuellen Veranstaltungen und Angeboten zu erfahren.
Öffnungszeiten:
Montag-Freitag 09:00-17:00 Uhr

🏠 Das Rauhe Haus
Frau Kerstin Wolter-Köhler
Große Bergstr. 259
22767 Hamburg
☎ 040 / 219 07 39-13
🖨 040 / 219 07 39-24
@ kwolter-koehler@rauheshaus.de
💻 https://www.rauheshaus.de

SME e.V.

Stadtteilbezogene Milieunahe Erziehungshilfen
SME Verein ist ein Jugendhilfeträger, am Rande
des Hamburger Schanzenviertels gelegen.
Er führt stationäre und ambulante Erziehungshilfen unter einem
Dach durch. Das Angebot richtet sich primär an Kinder,
Jugendliche und Familien aus den Bezirken Mitte, Altona und
Eimsbüttel.
Anteilnahme, Ressourcenorientierung und Wertschätzung der
Betreuten sind wichtige pädagogische Leitbilder.
SME führt mit anderen Trägern und Einrichtungen eine Vielzahl
von Projekten, insbesondere an der Schnittstelle von
Jugendhilfe und Familienförderung, Schule und Beschäftigung
durch.
Wichtig ist dem Verein die Weiterentwicklung der Hilfen zur
Erziehung und die Schaffung neuer Angebote.
Folgende Hilfen nach dem Kinder- und Jugendschutzgesetz
werden angeboten:
- sozialpädagogische Familienhilfe

- Betreuungshilfe
- Tagesgruppe
- Kinderwohnhaus
- soziale Gruppenarbeit
- flexible Betreuung
- und weitere Projekte

📅 Montag-Freitag 09:00-17:00 Uhr
🏠 SME e.V.
   Margaretenstr. 36a
   20357 Hamburg
👥 Frau Ditte Nowak
☎ 040 / 43 20 08 10
🖨 040 / 43 20 08 11
@ info@sme-jugendhilfezentrum.de
💻 https://www.sme-jugendhilfezentrum.de

Jugend hilft Jugend e.V.

jhj Hamburg e.V. arbeitet als Träger der Suchthilfe und der Jugend- und Behindertenarbeit seit 1970 in Hamburg. Er bietet ein sozialtherapeutisches Netzwerk für suchtmittelabhängige Menschen, deren Angehörigen und Kinder, sowie Projekte der Jugendarbeit und Behindertenhilfe an.

Im Mittelpunkt stehen dabei die Ermutigung zum aktiven Entwickeln von Lebenszielen sowie die Gewährleistung der notwendigen Hilfe, um das Vorhaben nicht chancenlos werden zu lassen. Basis allen Handelns ist die Philosophie, dass zur effektiven Hilfe immer eine zu mehr Selbständigkeit führende

Beratung und Betreuung sowie eine Verbesserung der sozialen Situation gehört.

Angeboten werden:
Beratung: JhJ berät bei Problemen mit Drogen und Sucht in verschiedenen Muttersprachen und leisten Präventionsarbeit in Schulen, Jugendzentren und Betrieben. Alle Beratungsangebote sind **kostenlos, vertraulich** und auf Wunsch **anonym.**
Psychosoziale Betreuung: Die psycho-soziale Betreuung umfasst ein breit gefächertes, auf die individuellen Bedürfnisse der einzelnen Klientinnen und Klienten zugeschnittenes Hilfeangebot für Substituierte.
Therapie und Betreuung: Jeder Mensch ist einzigartig und verdient daher individuelle Hilfe. Darum gibt es ein vielfältiges Angebot an Therapiemöglichkeiten, von ambulanter Rehabilitation bis hin zum stationären Therapieangebot.
Kinder- und Jugendarbeit: Hier steht die ganze Familie im Fokus. Angefangen von der Kindertagestätte, über Schule bis zum Beruf werden Kinder- und Jugendlich und deren Familien in schwierigen Lebenssituation begleitet.
Wohnen und arbeiten: Hilfen bei der Wohnungssuche und bei der Vermittlung in Arbeit

Die erste Suchtberatung Online gibt es nun auch für Hamburg:
💻 https://kointer.de/
📅 Montag-Donnerstag 10:00-17:00 Uhr
    Freitag 10:00-16:00 Uhr
    Termin bitte per Telefon vereinbaren

🏠 jhj Hamburg e.V.
    Leverkusenstr. 33

22761 Hamburg
☎ 040 / 30 68 82-0
🖶 040 / 30 68 82-10
@ verein@jhj-hamburg.de
🖳 https://jhj-hamburg.de

Angebote speziell für Frauen und Mädchen

Flaks e.V.

Zentrum für Frauen in Altona

Bei FLAKS treffen sich Frauen aller Generationen und ihre
Kinder. Das Zentrum ist ein Ort für Begegnungen, Beratung,
Bildung und Beschäftigung. Das offene Haus und die kulturelle
Vielfalt der Frauen, die sich hier treffen, bieten eine angenehme
Atmosphäre.

Das Angebot ist sehr vielfältig und unterteilt sich in vier
Bereiche:

1. Info-Café
- Frühstück, Mittagsmenü, Online-Treff
- Austauschcafé, Müttercafé

2. Beratung
- Sozialberatung
- Formular und Antragshilfe
- Beratung Job und Beruf
- Beratung für Mütter

3. Kursangebote
- Mütter-Kind-Kurse, Computerkurse
- Sprach-, Koch- und Nähkurse
- Hilfen bei der Lebensplanung und Entwicklung beruflicher
  Perspektiven
- Schatzkiste der Kulturen
- Fahrrad-Reparatur-Kurs

4. Beschäftigung
- Arbeitsgelegenheit im Stadtteil (AGH)
- Bundesfreiwilligendienst
- Ehrenamtliche Tätigkeiten oder Praktikum

🕐 Montag-Donnerstag 10:00-16:00 Uhr
Freitag 10:00-14:00 Uhr
Telefonzeiten: Montag-Donnerstag 09:00-16:00 Uhr

🏠 Flaks e.V.
Alsenstraße 33
22769 Hamburg
☎ 040 / 89 69 80 3
🖶 040 / 89 69 80 44
@ info@flaks-zentrum.de
💻 https://www.flaks-zentrum.de/

Dolle Deerns e.V.

Verein zur Förderung feministischer Mädchenarbeit
Motto des Vereins ist:
„Wer Mädchen stärkt verändert die Welt!"
Mädchen auf ihren Wegen begleiten - das macht der Verein
Dolle Deerns.
Sie sollen in ihrer Entwicklung gefördert und gestärkt werden.
Die Bedürfnisse und Rechte von Mädchen und Frauen werden
in den Mittelpunkt gerückt.
Dazu bietet der Verein folgende Angebote an:
- Beratung im Berufswahlprozess
- Bereitstellung von Informationsmaterialien speziell für
  Mädchen
- Beratung, Fortbildung und Information zur Berufsorientierung
  und Lebensplanung
- Unterstützung bei der Planung und Durchführung von
  Angeboten im Berufswahlprozess

- Organisation und Durchführung von
  Informationsveranstaltungen
- Bereitstellung von Informationsmaterial, Büchern und
  Unterrichtsmaterialien

🕐 Montag-Donnerstag 09:00-13:00 Uhr

🏠 Dolle Deerns e.V.
   Sternstraße 106
   20357 Hamburg
☎ 040 / 43 44 82
🖶 040 / 43 25 08 08
@ kontaktundinfo@dolledeerns.de
💻 https://www.dolledeerns.de/

biff – Beratung und Information für Frauen

Die Angebote des biff richtet sich an Frauen unabhängig von
Alter, Einkommen, Herkunft oder sexueller Orientierung. Die
angebotene Beratungsarbeit orientiert sich an den jeweiligen
persönlichen Lebenssituationen und den damit verbundenen
Themen, wie:
- Partnerschaft und Familie
- Trennung und Scheidung
- Alleinerziehung
- Gewalterfahrungen
- Konflikte am Arbeitsplatz
- Erwerbslosigkeit
- Beratung zu Psychotherapie
- Einsamkeit und Isolation

- Hilfe und Unterstützung bei psychischen und
  psychosomatischen Erkrankungen wie Depressionen und
  Ängsten.
Frauen sollen ermutigt werden sich aktiv für ihre Interessen
einzusetzen, Selbstbewusstsein zu entwickeln, Konflikte
auszutragen und unbefriedigende Lebensumstände zu
verändern.

Die Angebote sind ohne Anmeldung kostenlos.
Dazu gehören:
- Offener Treff: Frühstück für Frauen, Montag 10:00-12:00 Uhr
- Einzelberatung: Montag 13:00-15:00 Uhr
                Dienstag 16:00-18:00 Uhr
                Mittwoch 17:00-19:00 Uhr
                Donnerstag 10:00-12:00 Uhr
- Telefonberatung: Montag, Donnerstag 12:00-13:00 Uhr
                Dienstag 15:00-16:00 Uhr
                Mittwoch 10:00-11:00 Uhr
- Trennungsberatung: jeden zweiten und vierten Dienstag im
                Monat jeweils um 18:30 Uhr
- Lesbenpaarberatung
- Krisenintervention: kurzfristige Unterstützung in
                Krisensituationen
Gruppenangebote: Bitte persönlich oder telefonisch während
der Beratungszeiten ab zwölf Wochen vor Beginn anmelden.
Eine kleine Spende wird gerne entgegengenommen, ist aber
kein Muss.

Das Programm entnehmen Sie bitte dem Flyer von biff
„Programm 2020" oder der Internetseite:
https://biff-frauenberatung.de/ ein wenig scrollen, dann
Menüpunkt „Mehr Termine"

🏠 biff Eimsbüttel/Altona
Bogenstraße 2
20144 Hamburg
☎ 040 / 39 67 62
@ info@biff-eimsbuettel-altona.de

🏠 biff Harburg
Neue Straße 59
21073 Hamburg
☎ 040 / 77 76 02
🖨 040 / 59 46 90 75
@ biffharburg@hamburg.de

🏠 biff Winterhude
Moorfurthweg 9b
22301 Hamburg
☎ 040 / 280 79 07
🖨 040 / 280 75 20
@ biff.winterhude@hamburg.de

Migration/Flüchtlinge

Amnesty for Women e.V.

Amnesty for Women e.V. ist eine Beratungsstelle und ein internationaler Treffpunkt für Frauen, der 1986 als gemeinnütziger Verein in Hamburg gegründet wurde.
Als Menschenrechtsorganisation hat sich der Verein zum Ziel gesetzt, Isolation, Diskriminierung, Repression und Gewaltformen (z.B. Frauenhandel und häusliche Männergewalt), die Frauen aufgrund ihrer Geschlechtszugehörigkeit und ihres Statuses als Migrantin widerfahren, der Öffentlichkeit bewusst zu machen und zu bekämpfen.
Amnesty for Women e.V. will die Lebens- und Arbeitssituation der Frauen verbessern, indem diese bei der Bewältigung ihres Alltags und der aktiven und selbstbestimmten Gestaltung ihres Lebens gestärkt und unterstützt werden. Grundsatz dabei ist die Hilfe zur Selbsthilfe: Gemeinsam mit den ratsuchenden Frauen werden Lösungsmöglichkeiten entwickelt.
Die Beratungen zu sozialrechtlichen Fragen sowie die psychosoziale Betreuung werden in den folgenden Sprachen angeboten: Deutsch, Englisch, Spanisch, Swahili und Thailändisch.

Beratungszeiten:
Beratung in Spanisch

⏱ Montag von 11.00 bis 14.00 Uhr
Mittwoch und Donnerstag von 14.00 bis 18.00 Uhr

Beratung in Thailändisch und Englisch

⏱ Dienstag von 14.00 bis 18.00 Uhr
   Mittwoch und Freitag von 10.00 bis 14.00 Uhr

Beratung in Swahili und Englisch

⏱ Mittwoch von 10.00 bis 14.00 Uhr
   Dienstag und Donnerstag von 14.00 bis 18.00 Uhr

Alle Beratungen werden auch auf Deutsch angeboten!

🏠 Amnesty for Women e.V.
   Schillerstraße 43
   22767 Hamburg
☎ 040 / 38 47 53
🖨 040 / 38 57 58
@ info@amnestyforwomen.de
💻 https://www.amnestyforwomen.de

Telefonische Sprechzeiten:
Montag, Mittwoch, Freitag 10.00 bis 14.00 Uhr
Dienstag, Donnerstag 14.00 bis 18.00 Uhr

Flüchtlingszentrum Hamburg
Mit diesem Angebot finden Flüchtlinge und Migranten ohne
dauerhaftes Bleiberecht folgende Beratungsangebote:

Orientierungsberatung:

Diese richtet sich in erster Linie an neu eingereiste Flüchtlinge und vermittelt eine erste Orientierung im Umgang mit Behörden, Ämtern und anderen wichtigen Anlaufstellen. Es findet eine Aufklärung über die Rechte und Pflichten von Flüchtlingen statt.

Verfahrensberatung:

Hier gibt es Information und Beratung über die einzelnen Schritte im Asylverfahren (von der Antragstellung bis zum Abschluss des Verfahrens). Bei Bedarf Aufklärung über die Inhalte von Bescheiden und Klärung über deren Tragweite, Beratung zu den Rechtsfolgen und den möglicherweise erforderlichen oder möglichen Schritten.

Perspektivberatung:

Diese intensive Beratungsleistung klärt über ausländer- und asylverfahrensrechtliche Zusammenhänge mit dem Ziel einer nachhaltigen Lebensperspektive für den Flüchtling auf. Fragen zu Ausbildungs- und Arbeitsmöglichkeiten und zu weiteren Integrationsmaßnahmen werden geklärt. Die Beratung erfolgt immer ergebnisoffen und bietet für Flüchtlinge ohne dauerhafte Aufenthaltsperspektive auch die Erörterung von Fördermöglichkeiten bei einer freiwilligen Rückkehr ins Heimatland.

Verweisberatung:

Diese Beratung mit qualifizierter Lotsenfunktion informiert über Angebote der Regeldienste und sonstiger vorrangig zuständiger Dienste. Kontaktaufnahmen zu entsprechenden Institutionen werden unterstützt, so dass die passenden Angebote wahrgenommen werden können.

🏠 Flüchtlingszentrum Hamburg
Adenauerallee 10 (5. Stock)
20097 Hamburg
☎ 040 / 284 079 - 0
🖨 040 / 284 079 – 130
@ info@fz-hh.de
🖳 https://www.fz-hh.de/de/

📅 Montag 09:00-13:00 Uhr
Dienstag 09:00-13:00 Uhr und 15:00-17:00 Uhr
Mittwoch geschlossen
Donnerstag 09:00-13:00 Uhr und 15:00-17:00 Uhr
Freitag 09:00-13:00 Uhr

Telefonische Erreichbarkeit
(Telefonzentrale auf jeden Fall besetzt):
Montag 14:00-17:00 Uhr
Dienstag 09:00-11:00 Uhr und 14:00-17:00 Uhr
Mittwoch 14:00-17:00 Uhr
Donnerstag 14:00-17:00 Uhr
Freitag 09:00-13:00 Uhr

Migrationsberatung des Diakonischen Werkes Hamburg

Hier können Migranten aller Nationalitäten ab 27 Jahren beraten werden - vor allem dann, wenn sie neu in Hamburg sind

Unterstützung und Beratung gibt es bei:
- Behördenangelegenheiten
- Aufenthalts- und Einbürgerungsfragen
- Familienzusammenführung

- Vermittlung von Integrationskursen
- Informationen zur beruflichen Weiterbildung
- Suche nach geeigneter Kinderbetreuung
- familiären Konflikten

Folgende Beratungswege sind möglich:
Offene Sprechstunden
In den offenen Sprechstunden werden Sie ohne Anmeldung beraten. Sie können einfach vorbeikommen. Offene Sprechstunden gibt es im Diakonischen Werk in Altona an und im Integrationszentrum Barmbek.

Offene Sprechstunde im Diakonischen Werk

🏠 Königstraße 54
22767 Hamburg

🕐 Montag, Dienstag: 10.00 - 12.00 Uhr (Raum 235 und 245)
Donnerstag: 12.00 - 14.00 Uhr (Raum 235 und 244)

Offene Sprechstunde im Integrationszentrum Barmbek

🏠 Winterhuder Weg 31
22085 Hamburg

☎ 040 / 35 77 199-70/-77

@ wozniak@diakonie-Hamburg.de
abalo@diakonie-hamburg.de

🕐 Dienstag: 10.00 - 13.00 Uhr
Donnerstag: 14.00 - 16.00 Uhr

Beratung gibt es auf Deutsch, Englisch, Polnisch, Russisch und Spanisch. Wenn Sie vorher Bescheid geben, können Sie auch auf Griechisch, Koreanisch und Türkisch beraten werden.
Die Beratung ist immer kostenlos und vertraulich.
Es finden zur Zeit keine offenen Sprechstunden statt. Beratung

per Email oder Telefon ist möglich, in besonderen
Ausnahmefällen werden u.U. auch Einzeltermine vereinbart.

🏠 Diakonie Hamburg
Migrationsberatung
Königstraße 54
22767 Hamburg
☎ 040 / 30 62 03 12
@ mbe@diakonie-hamburg.de
🖥 https://www.diakonie-
hamburg.de/de/visitenkarte/Migrationsberatung-854727

Medizinische Vermittlungs- und Beratungsstelle für Flüchtlinge und Migranten

Das Medizinbüro Hamburg vermittelt medizinische Hilfe
unabhängig vom Aufenthalts- und Krankenversicherungsstatus.
Es handelt sich um eine nichtstaatliche Organisation.
Vermittlung und Beratung sind kostenlos und vertraulich.
Soweit möglich sind die vermittelten Behandlungen ebenfalls
kostenlos.
In folgenden Sprachen ist eine Verständigung in der Regel
möglich: Deutsch, Englisch, Spanisch, Französisch (Dolmetscher
sind stets willkommen).
🕐 Montag 15.00 - 17.00 Uhr
Donnerstag 15.00 - 17.00 Uhr
🏠 Hospitalstrasse 109
22767 Hamburg
☎ 040 / 238 558 322 (Anrufbeantworter)

🖶 040 / 238 558 32910

@ info@medibuero-hamburg.org

🖳 http://medibuero-hamburg.org

Beratungsstelle für EU-Bürger aus Osteuropa

Hier finden Sie Beratung und Unterstützung, wenn Sie Ihren Lebensmittelpunkt in Hamburg haben, das heißt Sie sind in Deutschland krankenversichert, haben damit Zugang zu medizinischer Versorgung und zu den Sozialleitungen der Bundesrepublik Deutschland.

Bei den Themen Krankenversicherungsschutz und medizinische Versorgung arbeitet die Beratungsstelle eng mit den zuständigen Fachleuten der Behörde für Arbeit, Soziales, Familie und Integration, der Clearingstelle „Gesundheitsversorgung Ausländer" und mit der Evangelischen Auslandsberatung zusammen. So unterstützt die Beratungsstelle die Zugewanderten beim Zugang zum Krankenversicherungsschutz durch eine intensive Einzelfallbegleitung.

Sie werden beraten, welche Rechte Sie haben, etwa auf Sozialleistungen nach dem Sozialgesetzbuch (SGB XII und SGB II) wie „Hartz IV" und es wird Ihnen bei der Beantragung von Sozialleistungen geholfen.

Beratungen können derzeit in Deutsch, Bulgarisch, Englisch und Rumänisch durchgeführt werden.

🕒 Dienstag 10.00 - 12.00 Uhr
   Telefonische Sprechzeit: Dienstag 14.00 - 16.00 Uhr

🏠 Diakonie Hamburg, Fachstelle Zuwanderung Osteuropa
Max-Brauer-Allee 16
22765 Hamburg
☎ 040 / 30620-0
@ zuwanderung@diakonie-hamburg.de
💻 https://www.diakonie-hamburg.de/de/rat-und-hilfe/migration/angebote/Fachstelle-Zuwanderung-Osteuropa-859915

Servicestelle Arbeitnehmerfreizügigkeit
Information und Beratung für Erwerbstätige aus allen EU-Staaten, mit Schwerpunkt Osteuropa, über Arbeitsrecht, Sozialrecht, Tarife und Entlohnung, soziale Absicherung, Steuerrecht und gewerkschaftliche Angebote.
Das Serviceangebot ist kostenlos und richtet sich an:
- Arbeitnehmer aus anderen EU-Staaten, die im Sinne der Arbeitnehmerfreizügigkeit bei einem Arbeitgeber aus der Metropolregion Hamburg tätig sind, oder ihren Wohnsitz in Hamburg haben
- Entsandte Beschäftigte, die über ihren Arbeitgeber im Herkunftsland oder über Leiharbeitsfirmen nach Hamburg kommen
- Selbständige aus anderen EU-Staaten, die ein eigenes Gewerbe in Hamburg betreiben möchten. Die Beratungen sind in deutscher, englischer, polnischer, rumänischer, bulgarischer und spanischer Sprache möglich.

Bitte vereinbaren Sie für die Beratung immer einen Termin!

🏠 Arbeit und Leben Hamburg
Besenbinderhof 58
20097 Hamburg
☎ 040 / 28 40 16-11
@ office@hamburg.arbeitundleben.de
💻
https://hamburg.arbeitundleben.de/arbeitnehmerfreizuegigkeit

Zentrale Anlaufstelle zur Anerkennung ausländischer Abschlüsse

In dieser Beratungsstelle finden Sie Informationen und Unterstützung bei der Anerkennung ausländischer Abschlüsse, sei es Beruf oder Studium. Sie finden hier auch Informationen bei Fragen rund um das Anerkennungsgesetz.
Für die telefonische Terminvereinbarung werden folgende Angaben benötigt:
- Name
- Telefonnummer und Geburtsdatum
- Staatsangehörigkeit
- Welchen Abschluss?/Welches Zeugnis?
- Aus welchem Land stammt der Abschluss?
- Gibt es bereits deutsche Übersetzungen der Dokumente?
- Was erwarten Sie von der Beratung?
Zum anschließend vereinbarten Beratungstermin bringen Sie bitte folgende Unterlagen mit:
- Lebenslauf
- Zeugnisse/Diplome
- deutsche Übersetzungen der Dokumente (falls vorhanden)

- Schriftverkehr und Bescheide von zuständigen Behörden und
  Anerkennungsstellen (falls vorhanden).
Telefonische Terminvergabe:
Montag, Dienstag, Donnerstag 09:00-11:30 Uhr
Montag, Dienstag, Mittwoch, Freitag 14:00-15:30 Uhr

🏠 Diakonie Hamburg
   Zentrale Anlaufstellung Anerkennung (ZAA)
   Schauenburger Str. 49 (2. Stock)
   20095 Hamburg
☎ 040 / 30 620-396
@ zaa@diakonie-hamburg.de
💻 https://www.diakonie-hamburg.de/de/visitenkarte/zaa/

Hilfen und Beratung für Seniorinnen und Senioren

Alzheimer Gesellschaft Hamburg e.V.

Die Alzheimer Gesellschaft informiert nicht nur über die Demenzerkrankung und deren Folgen, sondern hilft auch direkt bei der Entlastung und Unterstützung pflegender Angehöriger. Einzelbetreuungen sind möglich, man kann sich als ehrenamtlicher Helfer engagieren und wird über spezielle Fachärzte und Heime informiert.

 **Alzheimer Gesellschaft Hamburg e.V.**
Wandsbeker Allee 68
22041 Hamburg

☎ 040 / 88 14 177 0

🖶 040 / 88 14 177 29

@ info@alzheimer-hamburg.de

 https://www.alzheimer-hamburg.de

Alzheimer Telefon

☎ 040 / 47 25 38

🕒 Montag-Freitag: 10.00 bis 13.00 Uhr
Montag, Donnerstag, Freitag: 13.00 bis 16.00 Uhr
Mittwoch: 16.00 bis 19.00 Uhr

Persönliche Beratung

Bitte vereinbaren Sie im Vorlauf einen Termin.

Die Geschäftsstelle befindet sich 5 Gehminuten vom Einkaufsviertel Wandsbek entfernt. Hier halten die U1 und diverse Buslinien am ZOB Wandsbek Markt.

Der Trägerverein Barrierefrei Leben

Barrierefrei Leben e.V. ist ein Verein für Hilfsmittelberatung, Wohnraumanpassung und barrierefreie Bauberatung.
Barrierefrei Leben e.V. ist Mitglied in folgenden Verbänden:

- Der Paritätische Wohlfahrtsverband Hamburg e.V.
- Hamburger Landesarbeitsgemeinschaft für behinderte
  Menschen e.V. (LAG)
- Bundesarbeitsgemeinschaft Wohnungsanpassung e.V.
- Institut für Bauforschung e.V.

Eine enge Zusammenarbeit erfolgt mit folgenden Stellen:
- Bezirksämter und Dienststellen der FHH
- Bildungs- und Forschungseinrichtungen
- Bundesarbeitsgemeinschaft Wohnungsanpassung e.V.
- Bundesministerium für Arbeit und Soziales (Portal einfach-
  teilhaben.de)
- Hamburger Landesarbeitsgemeinschaft für behinderte
  Menschen
- Hamburgische Investitions- und Förderbank (IFB)
- Handwerkskammer Hamburg
- Kliniken
- Landesbehörden
- Landes-Seniorenbeirat Hamburg
- Pflegestützpunkten
- Senatskoordinatorin für die Gleichstellung behinderter
  Menschen
- Sozialverbänden
- Stiftungen
- Vereinen und Selbsthilfegruppen behinderter und chronisch
  kranker Menschen
- Vereinigung Deutsche Sanitärwirtschaft (VDS)
- Wohn-Pflege-Einrichtungen sowie Wohnungsunternehmen

und Wohnungsbaugenossenschaften
Es stehen folgende Beratungsangebote zur Verfügung:

Beratungsangebot "Technische Hilfen"

- bei der **häuslichen oder stationären Pflege**, z.B. bei
Betten, Bettenzubehör, Hebe- und Transferhilfen,
Lagerungshilfen, Sitzhilfen, Dusch- und Toilettenstühlen

- bei der **Ausstattung der Wohnung**, z.B. mit Bad- und WC-
Ausstattung, technischen Hilfen für die Küchenarbeit,
angepassten Möbeln, Treppenlifte, Rampen oder Haltegriffen

- bei der **individuellen Mobilität**, z.B. Gehhilfen, Rollstühle,
Kinderkarren oder Elektrofahrzeuge

- bei den **"kleinen" Hilfen im Alltag**, zum Greifen, Anziehen,
Schreiben, beim Essen oder bei der Körperpflege

- bei der **Kommunikation**, z.B. Telefone, Hausnotrufgeräte,
Hilfen für den Computer.

Beratungsangebot "Wohnungsanpassung und -umbau"

- **Eingangsbereich,** z.B. stufenlose Erreichbarkeit Ihrer
Wohnung durch Einbau einer Rampe oder eines Aufzugs,
Liftes, Hebebühne

- **Bad und WC**, z.B. Haltegriffsysteme, schwellenlos
begehbarer bzw. rollstuhlbefahrbarer Duschplatz, erhöhtes
oder rollstuhlgerechtes WC, unterfahrbarer Waschtisch bzw.
Waschtisch mit Beinfreiheit

- **Türen,** z.B. Schwellen, Durchfahrtsbreite, Automatiktüren

- **Treppen,** z.B. Handläufe, Anti-Rutsch-Treppenbeläge, Aufzüge, Lifte, Hebebühnen

- **Küche,** z.B. barrierefreie Anordnung von Herd, Arbeitsplatte und Spüle, Höheneinstellungen

- **Schlaf-/Pflegezimmer, Wohnzimmer und Flur**, z.B. Bewegungsflächen für Rollstuhlnutzer

- **Bedienvorrichtungen,** z.B. Schalter, Steckdosen, Armaturen, Türdrücker

- **Außenbereich**, z.B. Rollstuhlabstellplatz, Zugang zur Terrasse/Balkon

Für eine persönliche Fachberatung vereinbaren Sie bitte telefonisch einen Beratungstermin

⌂ Barrierefrei Leben e.V.
Verein für Hilfsmittelberatung, Wohnraumanpassung und barrierefreie Bauberatung
Alsterdorfer Markt 7
22297 Hamburg
☎ 040 / 2999 56-0
🖶 040 / 29 36 01
@ Vorstand@barrierefrei-leben.de
https://www.barrierefrei-leben.de/

Beschwerdetelefon Pflege

Hier finden Pflegebedürftige und Angehörige Beratung und
Unterstützung bei Problemen und Beschwerden rund um das
Thema Pflege.
Beim Beschwerdetelefon Pflege können Sie sich zum Beispiel
beschweren, wenn

- Sie sich über eine ambulante oder stationäre Pflegeeinrichtung
  in Hamburg ärgern,
- Sie Probleme mit Ihrer Pflegekasse haben oder
- Behörden und Institutionen Ihnen Kummer beim Thema
  Pflege bereiten.

Bei allgemeinen Fragen zu Hilfen in der Pflege wenden Sie sich
bitte an den jeweiligen für Ihren Bezirk zuständigen
Pflegestützpunkt.

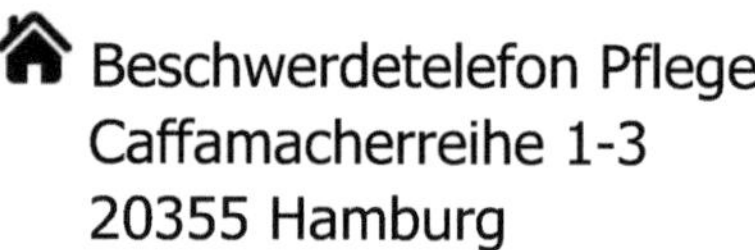 Beschwerdetelefon Pflege
Caffamacherreihe 1-3
20355 Hamburg
040 / 28 05 38 22 oder 040 / 428 54 31 91
040 / 28 05 38 44
@ beschwerdetelefon-pflege@hamburg-mitte.hamburg.de
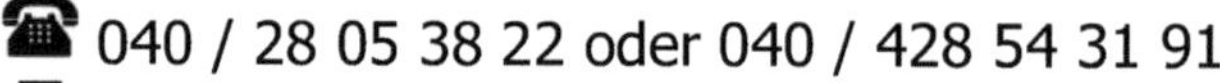 https://www.hamburg.de/beschwerdetelefon-pflege/

Pflegestützpunkte Hamburg

Pflegestützpunkte beraten hilfe- und pflegebedürftige Menschen
und ihre Angehörigen. Sie unterstützen in allen Fragen rund um
das Thema Pflege - unabhängig von der Kassenzugehörigkeit
oder dem Bezug von Sozialleistungen. Die Beratungsstellen

werden gemeinsam von den Kranken- und Pflegekassen sowie der Stadt Hamburg getragen.

Die Mitarbeiter der Pflegestützpunkte beraten und unterstützen pflegebedürftige Menschen und ihre Angehörigen. Sie

- informieren über die Möglichkeiten der Pflege in der eigenen Wohnung,
- helfen bei der Suche nach einem geeigneten Heimplatz,
- unterstützen bei der Beantragung von Versicherungs- und Sozialleistungen und
- beraten bei Finanzierungsfragen.

Auch bevor eine Pflegebedürftigkeit festgestellt wird, informieren die Berater darüber,

- welche Hilfemöglichkeiten es gibt, wenn die eigene Haushaltsführung nicht mehr möglich ist,
- welche Senioren-Betreuungs- und Begleitdienste in Hamburg tätig sind,
- was es an sonstigen Unterstützungsmöglichkeiten gibt.

Neben solch allgemeinen Auskünften können Sie im Pflegestützpunkt auch eine individuelle und umfassende Pflegeberatung erhalten. Hierbei unterstützen Sie die Berater bei der Koordination einzelner Schritte über einen längeren Zeitraum.
Die Pflegestützpunkte arbeiten eng mit der Seniorenberatung der Bezirke zusammen.

Eine telefonische Terminvereinbarung für ein persönliches Beratungsgespräch ist jederzeit möglich.
Montags von 08:00-12:00 Uhr und donnerstags von 14:00-18:00 Uhr bieten Pflegestützpunkte Beratung auch ohne

Voranmeldung an.
Für eine telefonische Beratung sind die Pflegestützpunkte immer dienstags und freitags von 08:00-12:00 Uhr erreichbar.

Gerne kommen die Berater der Pflegestützpunkte für eine persönliche Beratung auch ins Haus.

https://www.hamburg.de/pflegestuetzpunkte

🖥	✉	☎/@
Hamburg-Mitte	Caffamacherreihe 1-3 20355 Hamburg	040 / 4 28 99 – 10 50 pflegestuetzpunkt@ hamburg-mitte.hamburg.de
Altona	Achtern Born 135 22549 Hamburg	040 / 4 29 99 – 10 10 pflegestuetzpunkt@ altona.hamburg.de
Eimsbüttel	Garstedter Weg 13 22453 Hamburg	040 / 4 28 99 – 10 30 pflegestuetzpunkt@ eimsbuettel. hamburg.de
Hamburg-Nord	Kümmelstr. 7 20249 Hamburg	040 / 4 28 99 – 10 60 pflegestuetzpunkt@ hamburg.nord. hamburg.de
Wandsbek-Markt	Wandsbeker Allee 62 22041 Hamburg	040 / 4 28 99 – 10 70 pflegestuetzpunkt@ wandsbek. hamburg.de

Rahlstedt	Rahlstedter Str. 151-157 22143 Hamburg	040 / 4 28 99 – 10 80 pflegestuetzpunkt-rahlstedt@wandsbek.hamburg.de
Bergedorf	Weidenbaumweg 21 Eingang D 21029 Hamburg	040 / 4 28 99 – 10 20 pflegestuetzpunkt@bergedorf.hamburg.de
Harburg	Harburger Rathausforum 1 21073 Hamburg	040 / 4 28 99 – 10 40 pflegestuetzpunkt@harburg.hamburg.de
Pflegestützpunkt für Kinder und Jugendliche	Eppendorfer Landstr. 59 20249 Hamburg	040 / 4 28 99 – 10 90 pflegestuetzpunkt-kinder@hamburg-nord.hamburg.de

Blinden- und Sehbehindertenverein Hamburg e.V.

Der BSVH vertritt die Interessen blinder, sehbehinderter und von Sehverlust bedrohter Menschen in Hamburg. Denn es gibt kaum einen Lebensbereich, der durch eine Seheinschränkung nicht verändert wird.

Der Verein setzt sich für eine gleichberechtigte Teilhabe dieser Menschen am gesellschaftlichen Leben ein. Er streitet für mehr Barrierefreiheit, Inklusion und den Zugang zu allen Bereichen des gesellschaftlichen Lebens. Er engagiert sich im Sinne der UN-Behindertenrechtskonvention.

Hierfür betätigt sich der Verein auf politischer Ebene, gewinnt Partner, klärt auf und informiert die Öffentlichkeit. Das Angebot ist sehr umfangreich.

🏠 Blinden- und Sehbehindertenverein Hamburg e.V.
Louis-Braille-Center
Holsteinischer Kamp 26
22081 Hamburg

☎ 040 / 209 40 40
🖶 040 / 209 404 30
Veranstaltungstelefon: 040 / 209 404 66

🕓 Holsteiner Kamp 26
Dienstag 09:00-17:00 Uhr

🕓 Bergedorf, Marktkauf Bergedorf, Tel. 040 / 724 24 98
Montag 10:00-12:00 Uhr
Mittwoch 14:00-15:00 Uhr

🕓 Niendorf, Ortsamt Lokstedt, Garstedter Weg 13
jeden 4. Donnerstag 10:30-13:00 Uhr
Am Montag, Mittwoch und Donnerstag Erstberatungen und eingehende Beratung nur mit Terminvereinbarung
@ info@bsvh.org
💻 https://www.bsvh.org

Bundesverband privater Anbieter sozialer Dienste e.V.

Hier werden Sie fündig, wenn Sie nach Informationen, Beratung und nach Veranstaltungen rund um das Thema Pflege suchen.

🏠 Heinrich-Hertz-Str. 90
   22085 Hamburg
☎ 040 / 25 30 716-0
🖨 040 / 25 30 716-29
@ hamburg@bpa.de
💻 https://www.bpa.de/index.php?id=hamburg

Hamburger Gesundheitshilfe

Beratung, Alten- und Krankenpflege, palliative Fachpflege, Betreuung von Menschen mit Demenz.

Seit mehr als 25 Jahren unterstützt die Hamburger Gesundheitshilfe in Hamburg Menschen, die aufgrund einer Erkrankung, Behinderung oder fortgeschrittenem Alter, entweder Beratung, Hilfe oder Pflege benötigen.

Mit einer breiten Palette von Leistungen und über 180 Mitarbeitern trägt sie dafür Sorge, dass Sie selbst oder Ihre betroffenen Angehörigen bis zuletzt in der vertrauten häuslichen Umgebung bleiben und den Alltag selbstbestimmt gestalten können.

Einige der Leistungen im Überblick...

- Ambulante Alten- und Krankenpflege (an drei Standorten)
- Spezialisierte ambulante palliative Versorgung (SAPV)

- Ambulante Betreuung und Pflege von Menschen mit Demenz
  in Wohngemeinschaften (an zwei Standorten)
- Ehrenamtlicher Besuchs- und Begleitdienst (Ambulanter
  Hospizdienst)
- Fachberatung zum Umgang mit Sterben, Tod und Trauer

Sollten Sie Hilfe suchen, oder in unseren Teams mitarbeiten
wollen, zögern Sie nicht...

🏠 Hamburger Gesundheitshilfe gGmbH
    Alter Teichweg 55
    22049 Hamburg
☎ 040 / 20 98 82-0
💻 www.hamburger-gesundheitshilfe.de

Ein zusätzliches Angebot der Hamburger Gesundheitshilfe ist
die **Beratungsstelle CHARON.**
Hier finden Sie bei Bedarf Hilfen im Umgang mit Sterben, Tod
und Trauer.

Sterben ist ein Teil des Lebens. Doch viele Menschen haben es
verlernt, mit Sterben, Tod und Trauer bewusst umzugehen. Die
Auseinandersetzung mit Endlichkeit und Verlust beeinflusst
unsere Gefühle, unsere Gedanken und unser Handeln und wirft
zahlreiche Fragen auf.

Die **Beratungsstelle CHARON**, die bereits 1989 ins Leben
gerufen wurde, unterstützt diesen Prozess auf persönlicher,
institutioneller und gesellschaftlicher Ebene durch:

- individuelle Beratung und Begleitung für Schwerkranke,
  Angehörige und trauernde Menschen

- Fachberatung und Schulung für haupt- und ehrenamtliche Helferinnen und Helfer in Einrichtungen des Sozial- und Gesundheitswesens

- Öffentlichkeitsarbeit zur Information der Menschen in Hamburg und zur Sensibilisierung des öffentlichen Bewusstseins

Hier arbeiten Sozialpädagogen mit entsprechenden Zusatzqualifikationen. Dank der Förderung durch die Behörde für Gesundheit und Verbraucherschutz sind die **Informations- und Beratungsangebote** für interessierte Bürger der Hansestadt Hamburg immer **kostenlos**.

Die Beratungsstelle CHARON arbeitet unter der Trägerschaft der Hamburger Gesundheitshilfe als öffentliche Einrichtung unabhängig, überkonfessionell und stadtweit. Sie ist Mitglied im Landesverband Hospiz- und Palliativarbeit Hamburg e.V.

🏠 Beratungsstelle CHARON
Winterhuder Weg 29
22085 Hamburg
☎ 040 / 22 63 03 00
@ info@charon-hamburg.de
💻 http://www.hamburger-gesundheitshilfe.de/beratungsstelle-charon.html

Deutsches Sozialwerk e.V.

Der Verein Deutsches Sozialwerk setzt sich dort ein, wo Menschen sich allein gelassen fühlen. Er hat sich zur Aufgabe gemacht Lebensqualität durch Kultur, Gemeinschaft und

Hilfsangebote zu vermitteln.

Kultur

Der Verein bietet ein umfangreiches kulturelles Angebot,
welches von Ausflügen über Theaterbesuche bis hin zu
Veranstaltungen von Vorträgen und Interessenkreisen reicht.

Gemeinschaft

Die DSW-Gemeinschaft bietet eine Anlaufstelle zum Austausch
mit Gleichgesinnten und zum Knüpfen sozialer Kontakte. Dies
gilt für Mitglieder und Nichtmitglieder gleichermaßen.

Helfen

Der DSV bemüht sich, jeden, der um Hilfe bittet, bei der
Bewältigung von Problemen durch Beratung und Hilfe im Alltag
zu unterstützen. In besonderen Notfällen kann auch den
Betreuten eine finanzielle Unterstützung gewährt werden. Diese
soll nicht an die Stelle beanspruchbarer Sozialleistungen treten,
sondern durch individuelle Hilfe eine bedrückende Notlage
erträglicher machen. Die Gewährung der finanziellen
Unterstützung unterliegt besonderen Bestimmungen.
Zudem besuchen die aktiven Mitglieder des Vereins vereinsamte
Menschen und schenken ihnen Zeit für Gespräche,
Besorgungen und vielfältige Hilfeleistungen.

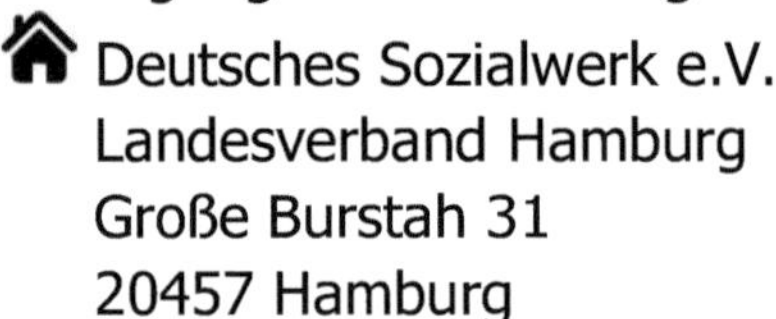 Deutsches Sozialwerk e.V.
Landesverband Hamburg
Große Burstah 31
20457 Hamburg

☎ 040 / 37 20 07

@ info@dsw-ev.de

🖥 https://www.dsw-ev.de

🏠 Bundesgeschäftsstelle
Halmshanf 1
53773 Hennef
☎ 02248 / 91 73 81

Graue Panther Hamburg e.V.

Die Grauen Panther Hamburg e.V. haben sich zum Ziel gesetzt die Lebenssituation alter und älterer Menschen zu verbessern, ihnen das Recht auf Menschenwürde bewusst zu machen und in ihnen den Mut zu wecken, sich zu wehren, wenn dieses Grundrecht vorenthalten wird. Durch Öffentlichkeitsarbeit soll das Bewusstsein der Gesellschaft geweckt werden für die besonderen Probleme des Altwerdens und für die Notwendigkeit, sich rechtzeitig damit auseinanderzusetzen.

🏠 Graue Panther Hamburg e.V.
Lerchenstr. 37
22767 Hamburg

☎ 040 / 439 33 88

@ info@grauepanther-hamburg.de

💻 http://grauepanther-hamburg.de

Hamburgische Brücke

Die Hamburgische Brücke bietet ein umfassendes psychologisches Beratungsangebot für Angehörige von Pflegebedürftigen.
Zum Angebot zählen:
- Drei ambulante Pflegedienste
- Die Tagespflege Mole44

- Das sozialpsychiatrische Beratungszentrum sowie das
  Demenzdock

Neben häuslicher und teilstationärer Pflege bietet die
Hamburgische Brücke auch die Vermittlung individueller Hilfen
an, unterstützt psychisch erkrankte Menschen, stellt sich der
neuen gesellschaftlichen Herausforderung, der Krankheit
Demenz und gehört zu der Kooperation des Stadtteilprojektes
Martini44.

🏠 Hamburgische Brücke– Gesellschaft für private Sozialarbeit
e.V.

Uhlenhorster Weg 7–11
22085 Hamburg

☎ 040 / 22 72 98-0

🖨 040 / 22 72 98 21

@ info@hamburgische-bruecke.de

💻 https://www.hamburgische-bruecke.de

I.K.A.R.U.S. e.V.
Informations- und Kontaktstelle Aktiver Ruhestand e.V.

Der Verein unterstützt Menschen auf dem Wege zu neuen
Orientierungen jenseits des Berufslebens. In gemeinsamen
Projekten bringt er Jung und Alt zusammen, die ihre freie Zeit
sinnvoll gestalten möchten.
I.K.A.R.U.S. versteht sich als Ideengeber und Anreger für
Engagement auf Stadtteil- und Quartiersebene.
Ziel ist die Förderung lebendiger Nachbarschaft der Kulturen
und Generationen. Der Verein begleitet Freiwillige, die sich im
Stadtteil betätigen und mit ihren Themen zu Wort melden
möchten.

Älteren Stadtbewohnern, die in manchen Wohngegenden schon mehr als ein Viertel der Bewohner ausmachen, soll eine Plattform für Beteiligung und Vernetzung geboten werden. Zusammenwirken mit Jüngeren, Austausch über Stadtteilfragen, gegenseitige Hilfe, gemeinsame Aktivitäten - dies alles sorgt für ein lebendiges Quartier.

🏠 I.K.A.R.U.S. e.V.
Eichtalstr. 14
22041 Hamburg
☎ 040 / 33 54 08
@ info@ikarus-wegweiser.de
💻 https://www.ikarus-wegweiser.de

Landes-Seniorenbeirat Hamburg
Der Seniorenbeirat betreibt politische Lobby- und Gremienarbeit für Menschen im Ruhestand zu folgenden Themen:
Alter und Migration, Bildung und Kultur, Demographie, Gesundheit und Bewegung, Seniorenarbeit, Pflege, Rente und Altersarmut, Sicherheit und Verkehr und Wohnen im Alter.
🏠 Landes-Seniorenbeirat Hamburg
Brandstwiete 1
20457 Hamburg
☎ 040 / 428 37-1934
🖨 040 / 4279-48228
@ lsb@lsb-hamburg.de
💻 https://www.lsb-hamburg.de

Seniorenberatung

Die Seniorenberatung ist zuständig für die Belange älterer
Bürger ab 60 Jahren, wenn es um Fragen rund um die sozialen
Angelegenheiten von Senioren geht.
Alle Bezirke Hamburgs bieten diese Dienstleistung an. Die
Anmeldung erfolgt telefonisch.
Sie können Ihre zuständige Dienststelle über die Homepage:
https://www.hamburg.de (Suchbegriff Seniorenberatung
eingeben) oder über die Behörden-Hotline 115 erfragen.

Seniorenreisen

Angesprochen werden ältere Menschen mit kleiner Rente und
ältere Menschen, die zum großen Teil sozial isoliert leben.
Die Deutsche Hilfsgemeinschaft e. V. möchte ein wenig
Abwechslung in ihren Alltag bringen. Daher organisiert die
Deutsche Hilfsgemeinschaft e. V. Erholungsreisen für
Hamburger Seniorinnen und Senioren. Das gemeinsame
Erlebnis einer Reise soll die Lebensgeister wieder wecken und
neue soziale Kontakte ermöglichen.

Allgemeine Informationen zu den Erholungsreisen

- Sie sind mindestens 65 Jahre alt und erhalten
  Grundsicherung, oder haben eine geringe Rente. Sie sind
  weitgehend alleine und verfügen über wenig soziale Kontakte,
  haben aber Spaß an gemeinsamen Aktivitäten?
  Für eine Anmeldung zu einer Seniorenreise werden Ihre
  persönlichen Angaben wie Informationen zu Ihrer
  gesundheitlichen Konstitution, Ihr Grundsicherungs - bzw.
  Rentenbescheid und ein kleiner Eigenanteil in Höhe von 45,00

Euro benötigt.

- Die Reisedauer umfasst sieben Übernachtungen. Die An - und Abreise erfolgt mit dem Bus oder der Bahn. Es sind insgesamt 18 Plätze für die Reiseteilnehmer vorgesehen. Eingeplant ist jeweils ein Doppelzimmer für zwei Personen. Begleitet wird die Reisegruppe von mindestens zwei Reisebegleitern.

Vor Antritt einer jeden Reise findet ein Informationsnachmittag in der Geschäftsstelle der Deutschen Hilfsgemeinschaft e. V. statt. Hier lernen sich die Teilnehmer und die Reisebegleiter in einem gemütlichen Ambiente kennen und erfahren bei Kaffee und Kuchen nähere Details über die Reiseinhalte.

Nach jeder Reise findet in den Räumlichkeiten der Deutschen Hilfsgemeinschaft e. V. ein Nachtreffen mit den Reisenden und Reisebegleitern statt.

Bei Interesse wenden Sie sich bitte an:

👪 Frau Ines Molkentin

☎ 040 / 250 66 20

@ ines.molkentin@dhghh.de

🏠 Bürgerweide 38
20535 Hamburg

☎ 040 / 250 66 20

🖶 040 / 250 45 63

📅 Montag – Donnerstag 10:00-16:00 Uhr
Freitag geschlossen

Fördern und Wohnen

Die Rubrik „Personenkreis" beschreibt die Personen, die hauptsächlich angesprochen werden sollen. Selbstverständlich sind auch alle anderen willkommen, die das jeweilige Angebot nutzen wollen.
Die Rubrik „Plätze" beschreibt die Anzahl der Unterbringungsmöglichkeiten, bzw. die Anzahl der Wohnungen und Schlafplätze oder der Betreuungsplätze.
Die Rubrik „Angebote" beschreibt, welche Freizeit- und Hilfsangebote die jeweilige Einrichtung anbietet (Angaben ohne Gewähr auf Vollständigkeit, da häufig wechselnd. Bitte informieren Sie sich telefonisch oder persönlich vor Ort).
Die Zentrale von fördern & wohnen findet sich unter:

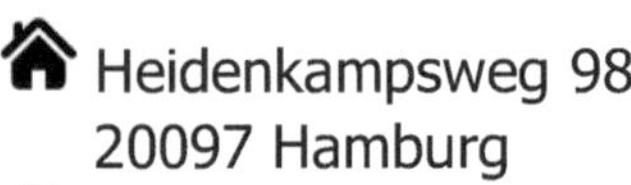

🏠 Heidenkampsweg 98
  20097 Hamburg
☎ 040 / 428 35 0 und
  040 / 428 35 35 84
💻 https://www.foerdernundwohnen.de/

Standorte/Kurzbeschreibungen

🖨	✉ / ☎	📣
Ankunftszentrum Rahlstedt Bezirk: Wandsbek	Bargkoppelstieg 10-14 22145 Hamburg 040 / 428 15 22 24	**Personenkreis:** Geflüchtete **Plätze:** 1888 **Angebot:** Unterkunft, Verpflegung, Beratung, Begegnungscafé, Natur und Handwerk, Ausflüge, Hilfe bei

		Behörden-angelegenheiten
Café InTakt in Reinbek Bezirk: Reinbek (Schleswig-Holstein)	Sachsenwaldau 8 21465 Reinbek 04104 / 97 13 44	**Angebot**: Treffpunkt, Begegnungscafé, Natur und Handwerk
Erstaufnahme Harburger Poststraße in Harburg Bezirk: Harburg	Harburger Poststraße 1 21079 Hamburg 040 / 428 15 21 21	**Personenkreis**: Geflüchtete **Plätze**: 372 **Angebot**: Unterkunft, Verpflegung, Beratung, Sprachförderung und Hausaufgabenhilfe, Patenschaften, Job- und Wohnungssuche, Ausflüge, Sport-, Spiel- und Kreativangebote, Natur und Handwerk
Erstaufnahme Kaltenkircher Straße in Altona-Nord Bezirk: Altona	Kaltenkirchener Straße 1 22769 Hamburg 040 / 428 15 28 67	**Personenkreis**: Geflüchtete **Plätze**: 150 **Angebot**: Unterkunft, Verpflegung, Beratung, Sport-, Spiel- und Kreativangebote, Sprachförderung und Hausaufgabenhilfe Ausflüge, Hilfe bei Behörden-angelegenheiten, Job- und Wohnungssuche

Erstaufnahme Richard-Remé-Haus in Volksdorf Bezirk: Wandsbek	Wiesenkamp 10 22359 Hamburg 040 / 428 15 22 74	**Personenkreis**: Geflüchtete **Plätze**: 80 **Angebot**: Unterkunft, Verpflegung, Beratung, Sprachförderung und Hausaufgabenhilfe, Natur und Handwerk, Kochen und Lebensmittelausgabe, Hilfe bei Behörden-angelegenheiten
Erstaufnahme Sportallee in Groß Borstel Bezirk: Hamburg-Nord	Sportallee 70 22335 Hamburg 040 / 428 15 22 49	**Personenkreis**: Geflüchtete **Plätze**: 324 **Angebot**: Unterkunft, Verpflegung, Beratung, Sprachförderung und Hausaufgabenhilfe, Begegnungscafé
Haus Huckfeld in Hittfeld Bezirk: Seevetal (Niedersachsen)	Bahnhofstraße 24 21218 Seevetal 04105 / 500 60	**Personenkreis**: Menschen mit geistiger und mehrfacher Behinderung **Angebot**: Wohngemeinschaft Assistenz, Beratung, Treffpunkt, Kochen und Lebensmittelausgabe, Ausflüge
Jung-erwachsenen Projekt in	Hinrichsenstr. 6 a 20535	**Personenkreis**: Obdachlose, Wohnungslose

Borgfelde Bezirk: Hamburg-Mitte	Hamburg 040 / 428 35 51 24	**Plätze**: 19 **Angebot**: Wohngemeinschaft, Beratung
Jung-erwachsenen Projekt in Wilstorf Bezirk: Harburg	Nöldekestraße 17 21079 Hamburg 0160 / 90 60 72 01	**Personenkreis**: Obdachlose, Wohnungslose **Plätze**: 40 **Angebot**: Wohngemeinschaft, Beratung
Senioren-Wohnen Altona Bezirk: Altona	Bernstoffstraße 145 22767 Hamburg 040 / 428 35 20 27	**Personenkreis**: Senioren **Wohnungen**: 64 **Angebot**: Mietwohnung, Beratung, Sport-, Spiel- und Kreativangebote, Patenschaften
Senioren-Wohnen Groß Borstel Bezirk: Hamburg-Nord	Borsteler Chaussee 301 22453 Hamburg 040 / 428 35 26 55	**Personenkreis**: Senioren **Wohnungen**: 159 **Angebot**: Mietwohnung, Beratung
Sozial-therapeutisches Zentrum Sachsenwaldau in Reinbek Bezirk: Reinbek (Schleswig-Holstein)	Sachsenwaldau 8 21465 Reinbek 04104 / 97 13 11	**Personenkreis**: Menschen mit Suchterkrankung, Menschen mit psychischer Erkrankung **Angebot**: Wohngemeinschaft, Assistenz, Beratung,

		Arbeitsbegleitung, Treffpunkt, Ausflüge, Sport-, Spiel- und Kreativangebote, Hilfe bei Behörden- angelegenheiten
Tagesauf- enthaltsstätte Hinrichsen- straße in Borgfelde Bezirk: Hamburg- Mitte	Hinrichsenstr. 4 20535 Hamburg 040 / 428 35 51 20	**Personenkreis**: Obdachlose **Angebot**: Beratung
Tagesstätte Huckfeld in Hittfeld Bezirk: Seevetal (Niedersachsen)	Bahnhofstraße 24 21218 Seevetal 04105 / 500 60	**Personenkreis**: Menschen mit geistiger und mehrfacher Behinderung **Angebot**: Arbeitsbegleitung, Natur und Handwerk, Ausflüge, Treffpunkt, Begegnungscafé, Sport-, Spiel- und Kreativangebote, Kochen und Lebensmittelausgabe
Treffpunkt Kaskadenpark Bezirk: Wandsbek	Kaskadenpark 27 22045 Hamburg 0176 / 42 85 81 82	**Angebot**: Treffpunkt, Beratung, Ausflüge, Begegnungscafé, Kochen und Lebensmittelausgabe, Natur und Handwerk, Patenschaften, Sport-,

		Spiel- und Kreativangebote
Treffpunkt Meilerstraße in Farmsen Bezirk: Wandsbek	Meilerstraße 32 22159 Hamburg 040 / 428 35 23 10	**Angebot**: Treffpunkt, Beratung, Kochen und Lebensmittelausgabe, Begegnungscafé, Sport-, Spiel- und Kreativangebote
Treffpunkt Traberweg in Farmsen Bezirk: Wandsbek	Traberweg 32 b 22159 Hamburg 040 / 694 29 40	**Angebot**: Treffpunkt, Beratung, Begegnungscafé, Ausflüge
Übernachtungs -stätte FrauenZimmer in Borgfelde Bezirk: Hamburg-Mitte	Hinrichsenstr. 4 a 20535 Hamburg 040 / 25 41 87 21	**Personenkreis**: Obdachlose **Plätze**: 30 **Angebot**: Übernachtung, Beratung
Übernachtungs -stätte Pik As in Neustadt Bezirk: Hamburg-Mitte	Neustädter Straße 31 a 20355 Hamburg 040 / 42 73 12 059	**Personenkreis**: Obdachlose **Plätze**: 330 **Angebot**: Übernachtung, Beratung, Kochen und Lebensmittelausgabe
Unterkunft mit der Perspektive Wohnen Am Gleisdreieck in Billwerder Bezirk: Bergedorf	Am Gleisdreieck 2 a – 20 21033 Hamburg 040 / 866 93 19 20	**Personenkreis**: Geflüchtete **Plätze**: 2500 **Angebot**: Unterkunft, Beratung,

		Sprachförderung und Hausaufgabenhilfe, Begegnungscafé
Unterkunft mit der Perspektive Wohnen Butterbauern- stieg in Hummelsbüttel Bezirk: Wandsbek	Butterbauernsti eg 17 – 29 22399 Hamburg 040 / 325 91 07 49 24	**Personenkreis:** Geflüchtete **Plätze:** 360 **Angebot:** Unterkunft, Beratung, Begegnungscafé, Sport-, Spiel- und Kreativangebote, Sprachförderung und Hausaufgabenhilfe, Natur und Handwerk, Job- und Wohnungssuche, Ausflüge
Unterkunft mit der Perspektive Wohnen Duvenacker in Eidelstedt Bezirk: Eimsbüttel	Duvenacker 8 a-o 22523 Hamburg 0176 / 42 85 16 62	**Personenkreis:** Geflüchtete **Plätze:** 380 **Angebot:** Unterkunft, Beratung, Begegnungscafé, Sprachförderung und Hausaufgabenhilfe, Patenschaften, Sport-, Spiel- und Kreativangebote, Ausflüge
Unterkunft mit der Perspektive Wohnen Flughafen-	Flughafenstraß e 64 22339 Hamburg	**Personenkreis:** Geflüchtete **Plätze:** 570 **Angebot:** Unterkunft, Beratung,

straße in Fuhlsbüttel Bezirk: Hamburg-Nord	040 / 507 25 19 21	Sport-, Spiel- und Kreativangebote, Natur und Handwerk
Unterkunft mit der Perspektive Wohnen Haferblöcken in Billstedt Bezirk: Hamburg-Mitte	Prachtnelkenweg 8 22119 Hamburg 0176 / 42 85 46 43	**Personenkreis:** Geflüchtete **Plätze:** 966 **Angebot:** Unterkunft, Beratung
Unterkunft mit der Perspektive Wohnen Ohlendieks-höhe in Poppenbüttel Bezirk: Wandsbek	Ohlendiekshöhe 9 22399 Hamburg 0176 / 42 85 51 02	**Personenkreis:** Geflüchtete **Plätze:** 500 **Angebot:** Unterkunft, Beratung, Sprachförderung und Hausaufgabenhilfe, Begegnungscafé, Sport-, Spiel- und Kreativangebote, Natur und Handwerk
Unterkunft mit der Perspektive Wohnen Oliver-Lißy-Straße in Eidelstedt Bezirk: Eimsbüttel	Oliver-Lißy-Straße 38-46 22523 Hamburg 0176 / 42 85 44 02	**Personenkreis:** Geflüchtete **Plätze:** 300 **Angebot:** Unterkunft, Beratung, Begegnungscafé
Unterkunft mit der	Plaggenmoor 54 d	**Personenkreis:** Geflüchtete

Perspektive Wohnen Plaggenmoor in Neugraben-Fischbek Bezirk: Harburg	21147 Hamburg 0176 / 42 85 26 67	**Plätze**: 285 **Angebot**: Unterkunft, Beratung, Ausflüge, Begegnungscafé, Hilfe bei Behörden-angelegenheiten, Job- und Wohnungssuche, Kochen und Lebensmittel-ausgabe, Natur und Handwerk, Patenschaften, Sport-, Spiel- und Kreativangebote, Sprachförderung und Hausaufgabenhilfe
Unterkunft mit der Perspektive Wohnen Raja-Ilinauk-Straße in Jenfeld Bezirk: Wandsbek	Raja-Ilinauk-Str. 57 22043 Hamburg 040 / 428 35 13 20	**Personenkreis**: Geflüchtete **Plätze**: 800 **Angebot**: Unterkunft, Beratung, Sprachförderung und Hausaufgabenhilfe, Begegnungscafé, Kochen und Lebensmittel-ausgabe, Patenschaften
Wohnanlage An der Hafenbahn in Wilhelmsburg Bezirk: Hamburg-Mitte	An der Hafenbahn 11 – 13 20539 Hamburg 040 / 750 62 12 91	**Personenkreis**: Geflüchtete, Wohnungslose **Wohnungen**: 28 **Angebot**: Mietvertrag, Beratung

Wohnanlage Furtweg in Eidelstedt Bezirk: Altona	Furtweg 32-34 22523 Hamburg 040 / 59 21 61	**Personenkreis**: Geflüchtete, Wohnungslose **Wohnungen**: 29 **Angebot**: Mietvertrag, Beratung
Wohnanlage Großlohering in Rahlstedt Bezirk: Wandsbek	Großlohering 56 a – d 22143 Hamburg 040 / 427 31 39 64	**Personenkreis**: Geflüchtete, Wohnungslose **Wohnungen**: 19 **Angebot**: Mietvertrag, Beratung
Wohnanlage Holstenkamp in Bahrenfeld Bezirk: Altona	Holstenkamp 117 b-c 22525 Hamburg 040 / 31 99 25 33	**Personenkreis**: Wohnungslose **Wohnungen**: 6 **Angebot**: Mietvertrag, Wohngemeinschaft, Beratung, Sport-, Spiel- und Kreativangebote, Kochen und Lebensmittelausgabe, Sprachförderung und Hausaufgabenhilfe, Patenschaften
Wohnanlage Holstenkamp in Bahrenfeld Bezirk: Altona	Holstenkamp 117 b-c 22525 Hamburg 040 / 31 99 25 33	**Personenkreis**: Geflüchtete, Wohnungslose **Wohnungen**: 23 **Angebot**: Mietvertrag, Beratung, Sport-, Spiel- und Kreativangebote, Kochen und Lebensmittelausgabe, Sprachförderung und

		Hausaufgabenhilfe, Patenschaften
Wohnanlage Ladenbeker Furtweg in Bergedorf Bezirk: Bergedorf	Ladenbeker Furtweg 178 21033 Hamburg 040 / 41 62 69 89	**Personenkreis**: Wohnungslose, Geflüchtete **Wohnungen**: 9 **Angebot**: Mietvertrag, Beratung
Wohnanlage Lohkampstraß e in Eidelstedt Bezirk: Eimsbüttel	Lohkampstraße 35 22523 Hamburg 040 / 57 69 33	**Personenkreis**: Geflüchtete, Wohnungslose **Wohnungen**: 51 **Angebot**: Mietvertrag, Beratung
Wohnanlage Mendelstraße in Lohbrügge Bezirk: Bergedorf	Mendelstr. 43 a 21031 Hamburg 040 / 41 62 69 89	**Personenkreis**: Geflüchtete, Wohnungslose **Wohnungen**: 71 **Angebot**: Mietvertrag, Beratung, Ausflüge, Patenschaften
Wohnanlage Moorburger Elbdeich Bezirk: Harburg	Moorburger Elbdeich 329 21079 Hamburg 040 / 41 62 69 89	**Personenkreis**: Geflüchtete, Wohnungslose **Wohnungen**: 2 **Angebot**: Mietvertrag, Beratung
Wohnanlage Notkestraße in Bahrenfeld Bezirk: Altona	Notkestraße 105 22607 Hamburg 040 / 89 70 97 92	**Personenkreis**: Geflüchtete, Wohnungslose **Wohnungen**: 48 **Angebot**: Mietvertrag, Beratung,

		Begegnungscafé, Natur und Handwerk
Wohnanlage Oldenburger Straße in Stellingen Bezirk: Eimsbüttel	Oldenburger Straße 76, 78 22527 Hamburg 040 / 547 09 68 13	**Personenkreis:** Geflüchtete, Wohnungslose **Wohnungen:** 46 **Angebot:** Mietvertrag, Beratung
Wohnanlage Pillauer Straße in Wandsbek Bezirk: Wandsbek	Pillauer Straße 90 b 22047 Hamburg 040 / 693 50 81	**Personenkreis:** Geflüchtete, Wohnungslose **Wohnungen:** 50 **Angebot:** Mietvertrag, Beratung
Wohnanlage Spliedtring in Billstedt Bezirk: Hamburg-Mitte	Spliedtring 48-50 22119 Hamburg 040 / 693 50 81	**Personenkreis:** Geflüchtete, Wohnungslose **Wohnungen:** 18 **Angebot:** Mietvertrag, Beratung
Wohnanlage Steilshooper Allee in Steilshoop	Steilshooper Allee 10 22309 Hamburg 040 / 427 31 39 64	**Personenkreis:** Geflüchtete, Wohnungslose **Wohnungen:** 91 **Angebot:** Mietvertrag, Beratung
Wohnanlage Suhrenkamp in Alsterdorf Bezirk: Hamburg-Nord	Suhrenkamp 17 a - 19 d 22335 Hamburg 040 / 59 21 61	**Personenkreis:** Geflüchtete, Wohnungslose **Wohnungen:** 75 **Angebot:** Mietvertrag, Beratung

Wohnen im FrauenZimmer in Borgfelde Bezirk: Hamburg-Mitte	Hinrichsenstr. 4 a 20535 Hamburg 040 / 25 41 87 21	**Personenkreis:** Obdachlose, Wohnungslose **Plätze:** 20 **Angebot:** Unterkunft, Beratung
Wohn-gemeinschaft Zur Mühle in Hittfeld Bezirk: Seevetal (Niedersachsen)	Weg zur Mühle 6 a 21218 Seevetal 04105 / 55 44 66	**Personenkreis:** Menschen mit geistiger und mehrfacher Behinderung **Angebot:** Wohngemeinschaft, Assistenz, Beratung
Wohngruppe Ohlendieks-höhe in Poppenbüttel Bezirk: Wandsbek	Ohlendiekshöhe 28 22399 Hamburg 040 / 428 35 34 44	**Personenkreis:** Menschen mit psychischer Erkrankung **Wohnungen:** 30 **Angebot:** Apartment, Wohngemeinschaft, Mietvertrag
Wohngruppe Pillauer Straße in Farmsen Bezirk: Wandsbek	Pillauerstraße 92 e 22047 Wandsbek 040 / 428 35 32 49	**Personenkreis:** Menschen mit psychischer Erkrankung **Wohnungen:** 30 **Angebot:** Wohngemeinschaft, Mietvertrag
Wohngruppe Traberweg in Farmsen Bezirk: Wandsbek	Traberweg 32 b 22159 Hamburg 040 / 428 35 33 52	**Personenkreis:** Menschen mit psychischer Erkrankung **Wohnungen:** 19 **Angebot:** Apartment, Wohngemeinschaft, Mietvertrag, Sport-,

		Spiel- und Kreativangebote
Wohnhaus Charlottenburger Straße Bezirk: Wandsbek	Charlottenburger Straße 57 22045 Hamburg 040 / 428 35 33 52	**Personenkreis**: Menschen mit psychischer Erkrankung **Wohnungen**: 46 **Angebot**: Apartment, Mietvertrag
Wohnhaus Hermann-Westphal-Straße in Wilhelmsburg Bezirk: Hamburg-Mitte	Hermann-Westphal-Straße 7 21107 Hamburg 040 / 428 35 33 52	**Personenkreis**: Menschen mit geistiger und mehrfacher Behinderung **Wohnungen**: 26 **Angebot**: Apartment, Mietvertrag
Wohnhaus Meilerstraße in Farmsen Bezirk: Wandsbek	Meilerstraße 30 22159 Hamburg 040 / 428 35 33 52	**Personenkreis**: Menschen mit psychischer Erkrankung **Wohnungen**: 41 **Angebot**: Apartment, Wohngemeinschaft, Mietvertrag
Wohnunterkunft Achterdwars in Bergedorf Bezirk: Bergedorf	Achterdwars 7-13 21035 Hamburg 040 / 721 15 1	**Personenkreis**: Wohnungslose **Plätze**: 160 **Angebot**: Beratung, Unterkunft
Wohnunterkunft Albert-Einstein-Ring in Bahrenfeld Bezirk: Altona	Albert-Einstein-Ring 1-3 22761 Hamburg 040 / 896 98 09 20	**Personenkreis**: Geflüchtete **Plätze**: 450 **Angebot**: Unterkunft, Beratung, Sport-, Spiel- und Kreativangebote,

		Hilfe bei Behörden-angelegenheiten, Sprachförderung und Hausaufgabenhilfe, Begegnungscafé, Job- und Wohnungssuche
Wohnunter-kunft Alma-Ohlmann-Weg in Lokstedt Bezirk: Eimsbüttel	Alma-Ohlmann-Weg 2 a-j 22529 Hamburg 040 / 522 99 37 20	**Personenkreis**: Geflüchtete, Wohnungslose **Plätze**: 528 **Angebot**: Unterkunft, Beratung
Wohnunter-kunft Alsenstraße in Altona-Nord Bezirk: Altona	Alsenstraße 22769 Hamburg 040 / 431 79 47 82	**Personenkreis**: Geflüchtete, Wohnungslose **Plätze**: 78 **Angebot**: Beratung, Unterkunft, Kochen und Lebensmittelausgabe Sprachförderung und Hausaufgabenhilfe, Natur und Handwerk, Sport-, Spiel- und Kreativangebote, Begegnungscafé
Wohnunter-kunft Alsterberg in Alsterdorf Bezirk: Hamburg-Nord	Suhrenkamp 40 22335 Hamburg 040 / 428 35 32 72	**Personenkreis**: Geflüchtete, Wohnungslose **Plätze**: 260 **Angebot**: Unterkunft, Beratung
Wohnunter-kunft Am Aschenland in	Am Aschenland 13	**Personenkreis**: Geflüchtete, Wohnungslose

Neugraben-Fischbek Bezirk: Harburg	21147 Hamburg 040 / 790 04 47 63	**Plätze**: 458 **Angebot**: Unterkunft, Beratung, Hilfe bei Behörden-angelegenheiten, Patenschaften, Ausflüge, Sprachförderung und Hausaufgabenhilfe, Sport-, Spiel- und Kreativangebote, Ausflüge, Job- und Wohnungssuche
Wohnunter-kunft Am Radeland in Heimfeld Bezirk: Harburg	Am Radeland 68 a-g 21079 Hamburg	**Personenkreis**: Geflüchtete, Wohnungslose **Plätze**: 168 **Angebot**: Beratung, Unterkunft, Begegnungscafé, Ausflüge, Patenschaften, Natur und Handwerk, Sport-, Spiel- und Kreativangebote, Job- und Wohnungssuche
Wohnunter-kunft Am Stadtrand in Wandsbek Bezirk: Wandsbek	Am Stadtrand 35-37 22047 Hamburg 040 / 309 53 82 08	**Personenkreis**: Geflüchtete **Plätze**: 688 **Angebot**: Beratung, Unterkunft, Natur und Handwerk, Sprachförderung und Hausaufgabenhilfe,

		Begegnungscafé, Hilfe bei Behörden-angelegenheiten
Wohnunter-kunft Am Veringhof in Wilhelmsburg Bezirk: Hamburg-Mitte	Am Veringhof 25 21107 Hamburg 040 / 319 75 37 91	**Personenkreis**: Geflüchtete, Wohnungslose **Plätze**: 132 **Angebot**: Beratung, Unterkunft, Sport-, Spiel- und Kreativangebote, Sprachförderung und Hausaufgabenhilfe, Job- und Wohnungssuche, Patenschaften
Wohnunter-kunft An der Hafenbahn in Wilhelmsburg Bezirk: Hamburg-Mitte	An der Hafenbahn 9 20539 Hamburg 040 / 31 76 59 03	**Personenkreis**: Geflüchtete, Wohnungslose **Plätze**: 240 **Angebot**: Beratung, Unterkunft, Begegnungscafé, Sprachförderung und Hausaufgabenhilfe, Patenschaften, Natur und Handwerk
Wohnunter kunft Anneliese-Tuchel-Weg in Farmsen-Berne Bezirk: Wandsbek	Anneliese-Tuchel-Weg 11 22159 Hamburg 040 / 428 35 28 14	**Personenkreis**: Wohnungslose **Plätze**: 93 **Angebot**: Unterkunft, Beratung, Begegnungscafé, Sport-, Spiel- und

		Kreativangebote, Sprachförderung und Hausaufgabenhilfe
Wohnunter-kunft Auf dem Sülzbrack in Kirchwerder Bezirk: Bergedorf	Auf dem Sülzbrack 1 21037 Hamburg 040 / 236 48 37 92	**Personenkreis:** Geflüchtete **Plätze:** 256 **Angebot:** Beratung, Unterkunft, Natur und Handwerk, Begegnungscafé, Ausflüge, Job- und Wohnungssuche, Patenschaften
Wohnunter-kunft August-Kirch-Straße in Bahrenfeld Bezirk: Altona	August-Kirch-Straße 17 a 22525 Hamburg 040 / 31 99 19 37	**Personenkreis:** Geflüchtete, Wohnungslose **Plätze:** 478 **Angebot:** Beratung, Unterkunft, Sprachförderung und Hausaufgabenhilfe, Patenschaften, Sport-, Spiel- und Kreativangebote
Wohnunter-kunft Averhoffstraße in Uhlenhorst Bezirk: Hamburg-Nord	Averhoffstr. 38 22085 Hamburg 040 / 226 60 79 22	**Personenkreis:** Geflüchtete **Plätze:** 311 **Angebot:** Unterkunft, Beratung, Begegnungscafé, Patenschaften, Sprachförderung und Hausaufgabenhilfe,

		Job- und Wohnungssuche
Wohnunter-kunft Bahngärten in Marienthal Bezirk: Wandsbek	Bahngärten 11 22041 Hamburg 040 / 657 26 16 61	**Personenkreis**: Geflüchtete, Wohnungslose **Plätze**: 120 **Angebot**: Unterkunft, Beratung, Sprachförderung und Hausaufgabenhilfe, Natur und Handwerk, Begegnungscafé, Sport-, Spiel- und Kreativangebote, Job- und Wohnungssuche, Kochen und Lebensmittelausgabe
Wohnunter kunft Bargteheider Straße in Rahlstedt Bezirk: Wandsbek	Bargteheide Straße 89 a 22143 Hamburg 040 / 647 76 39	**Personenkreis**: Wohnungslose **Plätze**: 140 **Angebot**: Unterkunft, Beratung, Kochen und Lebensmittelausgabe Sport-, Spiel- und Kreativangebote
Wohnunter-kunft Billbrook in Billbrook Bezirk: Hamburg-Mitte	Berzeliusstraße 103 22113 Hamburg 040 / 734 33 67 10	**Personenkreis**: Geflüchtete, Wohnungslose **Plätze**: 600 **Angebot**: Unterkunft, Beratung, Sprachförderung und Hausaufgabenhilfe, Sport-, Spiel- und

		Kreativangebote, Natur und Handwerk, Patenschaften, Job- und Wohnungssuche
Wohnunter-kunft Billbrookdeich in Billbrook Bezirk: Hamburg-Mitte	Billbrookdeich 76 22113 Hamburg 040 / 73 43 14 51	**Personenkreis**: Wohnungslose **Plätze**: 118 **Angebot**: Unterkunft, Beratung **Gesucht**: Patenschaften, Sport-, Spiel- und Kreativangebote, Ausflüge, Begegnungscafé, Natur und Handwerk
Wohnunter-kunft Billstieg in Billbrook Bezirk: Hamburg-Mitte	Billbrookdeich 227 22113 Hamburg 040 / 73 11 56 10	**Personenkreis**: Geflüchtete, Wohnungslose **Plätze**: 650 **Angebot**: Unterkunft, Beratung, Ausflüge, Patenschaften, Hilfe bei Behörden-angelegenheiten, Sprachförderung und Hausaufgabenhilfe, Sport-, Spiel- und Kreativangebote, Job- und Wohnungssuche
Wohnunter-kunft Binnenfeld-redder in	Binnenfeldredder 90 21031 Hamburg	**Personenkreis**: Geflüchtete **Plätze**: 260

Lohbrügge Bezirk: Bergedorf	040 / 751 10 07 21	**Angebot**: Unterkunft, Beratung
Wohnunter- kunft Björnsonweg in Blankenese Bezirk: Altona	Björnsonweg 39 22587 Hamburg 040 / 696 04 61 12	**Personenkreis**: Geflüchtete **Plätze**: 192 **Angebot**: Unterkunft, Beratung, Begegnungscafé, Ausflüge, Patenschaften, Sport-, Spiel- und Kreativangebote, Sprachförderung und Hausaufgabenhilfe
Wohnunter- kunft Blomkamp in Osdorf Bezirk: Altona	Blomkamp 61 22549 Hamburg 040 / 286 68 21 93	**Personenkreis**: Geflüchtete, Wohnungslose **Plätze**: 442 **Angebot**: Unterkunft, Beratung, Begegnungscafé, Patenschaften, Ausflüge, Job- und Wohnungssuche
Wohnunter- kunft Bornmoor in Stellingen Bezirk: Eimsbüttel	Bornmoor 30 22525 Hamburg 040 / 55 50 37 95	**Personenkreis**: Wohnungslose **Plätze**: 186 **Angebot**: Unterkunft, Beratung, Begegnungscafé, Sport-, Spiel- und Kreativangebote, Hilfe bei Behörden- angelegenheiten, Natur

		und Handwerk, Ausflüge
Wohnunter-kunft Borselstraße in Ottensen Bezirk: Altona	Borselstraße 22765 Hamburg 040 / 31 99 19 37	**Personenkreis**: Geflüchtete, Wohnungslose **Plätze**: 7 **Angebot**: Unterkunft, Beratung
Wohnunter-kunft Brookkehre in Bergedorf Bezirk: Bergedorf	Brookkehre 18-20 21029 Hamburg 040 / 986 71 78 98	**Personenkreis**: Geflüchtete, Wohnungslose **Plätze**: 440 **Angebot**: Unterkunft, Beratung, Sport-, Spiel- und Kreativangebote, Patenschaften, Job- und Wohnungssuche, Ausflüge
Wohnunter-kunft Curslacker Neuer Deich in Bergedorf Bezirk: Bergedorf	Curslacker Neuer Deich 57 21029 Hamburg 040 / 182 35 14 64	**Personenkreis**: Geflüchtete, Wohnungslose **Plätze**: 360 **Angebot**: Unterkunft, Beratung
Wohnunter-kunft Curslacker Neuer Deich in Curslack Bezirk: Bergedorf	Curslacker Neuer Deich 78/80 21029 Hamburg 040 / 794 18 97 23	**Personenkreis**: Geflüchtete, Wohnungslose **Plätze**: 580 **Angebot**: Beratung, Unterkunft, Sprachförderung und Hausaufgabenhilfe, Job- und Wohnungssuche,

		Patenschaften, Hilfe bei Behörden-angelegenheiten
Wohnunter-kunft Cuxhavener Straße in Neugraben-Fischbek Bezirk: Harburg	Cuxhavener Straße 564 a-h 22149 Hamburg 040 288 08 42 22	**Personenkreis**: Geflüchtete, Wohnungslose **Plätze**: 190 **Angebot**: Unterkunft, Beratung, Sprachförderung und Hausaufgabenhilfe, Sport-, Spiel- und Kreativangebote, Begegnungscafé, Natur und Handwerk, Patenschaften
Wohnunter-kunft Duvenstedter Damm in Duvenstedt Bezirk: Wandsbek	Duvenstedter Damm 10 22397 Hamburg 040 / 60 76 19 43	**Personenkreis**: Geflüchtete, Wohnungslose **Plätze**: 246 **Angebot**: Unterkunft, Beratung, Begegnungscafé, Sport-, Spiel- und Kreativangebote, Sprachförderung und Hausaufgabenhilfe
Wohnunter-kunft Eiffestraße in Borgfelde Bezirk: Hamburg-Mitte	Eiffestraße 48 20537 Hamburg 040 / 248 27 88 12	**Personenkreis**: Geflüchtete, Wohnungslose **Plätze**: 302 **Angebot**: Unterkunft, Beratung, Natur und Handwerk, Ausflüge,

		Sprachförderung und Hausaufgabenhilfe, Patenschaften
Wohnunter-kunft Eiffestraße in Hamm Bezirk: Hamburg-Mitte	Eiffestraße 398 20537 Hamburg 040 / 253 30 17 12	**Personenkreis**: Geflüchtete **Plätze**: 191 **Angebot**: Unterkunft, Beratung
Wohnunter-kunft Eimsbütteler Straße in Altona-Nord Bezirk: Altona	Eimsbütteler Straße 73-75 22769 Hamburg 040 / 23 51 79 73	**Personenkreis**: Geflüchtete, Wohnungslose **Plätze**: 129 **Angebot**: Unterkunft, Beratung, Patenschaften
Wohnunter-kunft Erdkampsweg in Fuhlsbüttel Bezirk: Hamburg-Nord	Erdkampsweg 156 22335 Hamburg 040 / 59 77 23	**Personenkreis**: Geflüchtete, Wohnungslose **Plätze**: 64 **Angebot**: Unterkunft, Beratung, Sprachförderung und Hausaufgabenhilfe, Sport-, Spiel- und Kreativangebote
Wohnunter-kunft Eschenweg in Fuhlsbüttel Bezirk: Hamburg-Nord	Eschenweg 7 a-h 22335 Hamburg 040 / 236 48 37 13	**Personenkreis**: Geflüchtete, Wohnungslose **Plätze**: 302 **Angebot**: Unterkunft, Beratung, Patenschaften, Hilfe bei

		Behörden-angelegenheiten
Wohnunter kunft Eulenkrug-straße Bezirk: Wandsbek	Eulenkrug-straße 199 f 22359 Hamburg 040 / 609 02 03 24	**Personenkreis**: Geflüchtete, Wohnungslose **Plätze**: 260 **Angebot**: Unterkunft, Beratung
Wohnunter-kunft Fibigerstraße in Langenhorn Bezirk: Hamburg-Nord	Fibigerstraße 44 22419 Hamburg 040 / 53 78 02 89	**Personenkreis**: Geflüchtete **Plätze**: 213 **Angebot**: Unterkunft, Beratung, Ausflüge, Job- und Wohnungssuche
Wohnunter-kunft Freiligrath-straße in Hohenfelde Bezirk: Hamburg-Nord	Freiligrath-straße 1 a-h 22087 Hamburg 040 / 303 95 99 10	**Personenkreis**: Geflüchtete, Wohnungslose **Plätze**: 358 **Angebot**: Beratung, Unterkunft, Begegnungscafé, Patenschaften, Job- und Wohnungssuche, Hilfe bei Behörden-angelegenheiten
Wohnunter-kunft Friesenstraße in Hammerbrook Bezirk: Hamburg-Mitte	Friesenstraße 14 20097 Hamburg 040 / 253 33 92 21	**Personenkreis**: Geflüchtete **Plätze**: 468 **Angebot**: Unterkunft, Beratung, Sport-, Spiel- und Kreativangebote, Patenschaften, Begegnungscafé,

		Ausflüge, Job- und Wohnungssuche
Wohnunter- kunft Georg- Wilhelm- Straße in Wilhelmsburg Bezirk: Hamburg-Mitte	Georg-Wilhelm-Straße 204 21107 Hamburg 040 / 30 23 64 01	**Personenkreis**: Geflüchtete, Wohnungslose **Plätze**: 126 **Angebot**: Unterkunft, Beratung, Sport-, Spiel- und Kreativangebote, Job- und Wohnungssuche, Patenschaften, Hilfe bei Behörden-angelegenheiten
Wohnunter- kunft Große Bahnstraße in Stellingen Bezirk: Eimsbüttel	Große Bahnstr. 50 a-c 22525 Hamburg 040 / 853 96 30 15	**Personenkreis**: Geflüchtete, Wohnungslose **Plätze**: 203 **Angebot**: Unterkunft, Beratung, Patenschaften, Kochen und Lebensmittelausgabe Sport-, Spiel- und Kreativangebote, Sprachförderung und Hausaufgabenhilfe
Wohnunter- kunft Große Horst in Ohlsdorf Bezirk: Hamburg-Nord	Große Horst 2 a-n 22337 Hamburg 040 / 731 15 91 05	**Personenkreis**: Geflüchtete **Plätze**: 452 **Angebot**: Unterkunft, Beratung, Sprachförderung und Hausaufgabenhilfe,

		Kochen und Lebensmittelausgabe Begegnungscafé, Job- und Wohnungssuche
Wohnunter-kunft Großlohering in Rahlstedt Bezirk: Wandsbek	Großlohering 54 22143 Hamburg 040 / 66 85 02 07	**Personenkreis**: Geflüchtete, Wohnungslose **Plätze**: 142 **Angebot**: Unterkunft, Beratung, Patenschaften, Hilfe bei Behörden-angelegenheiten
Wohnunter-kunft Grüner Deich in Hammerbrook Bezirk: Hamburg-Mitte	Grüner Deich 12 20097 Hamburg 040 / 238 82 49 20	**Personenkreis**: Geflüchtete, Wohnungslose **Plätze**: 172 **Angebot**: Unterkunft, Beratung, Patenschaften, Begegnungscafé, Hilfe bei Behörden-angelegenheiten, Job- und Wohnungssuche
Wohnunter-kunft Grunewald-straße in Rahlstedt Bezirk: Wandsbek	Grunewald-straße 74 a 22149 Hamburg 040 / 209 40 39 60	**Personenkreis**: Geflüchtete, Wohnungslose **Plätze**: 696 **Angebot**: Unterkunft, Beratung, Sprachförderung und Hausaufgabenhilfe, Hilfe bei Behörden-angelegenheiten,

		Begegnungscafé, Patenschaften, Job- und Wohnungssuche
Wohnunter-kunft Heinrich-Hertz-Straße in Barmbek-Süd Bezirk: Hamburg-Nord	Heinrich-Hertz-Straße 125 22083 Hamburg 040 / 207 69 69 92	**Personenkreis**: Geflüchtete, Wohnungslose **Plätze**: 112 **Angebot**: Unterkunft, Beratung, Begegnungscafé, Patenschaften, Hilfe bei Behörden-angelegenheiten, Natur und Handwerk
Wohnunter-kunft Helmuth-Hübener-Haus in Neustadt Bezirk: Hamburg-Mitte	Hütten 42 20355 Hamburg 040 / 427 31 39 70	**Personenkreis**: Wohnungslose **Plätze**: 96 **Angebot**: Unterkunft, Beratung, Natur und Handwerk
Wohnunter-kunft Hinrichsen-straße in Borgfelde Bezirk: Hamburg-Mitte	Hinrichsenstr. 6 a 20535 Hamburg 040 / 428 35 51 25	**Personenkreis**: Geflüchtete, Wohnungslose **Plätze**: 157 **Angebot**: Unterkunft, Beratung, Sprachförderung und Hausaufgabenhilfe, Patenschaften, Begegnungscafé, Ausflüge, Job- und Wohnungssuche

Wohnunterkunft Holmbrook in Othmarschen Bezirk: Altona	Holmbrook 1 b 22605 Hamburg 040 / 854 10 79 10	**Personenkreis**: Geflüchtete, Wohnungslose **Plätze**: 208 **Angebot**: Unterkunft, Beratung, Begegnungscafé, Sprachförderung und Hausaufgabenhilfe, Begegnungscafé, Patenschaften, Hilfe bei Behördenangelegenheiten
Wohnunterkunft Holsteiner Chaussee in Schnelsen Bezirk: Eimsbüttel	Holsteiner Chaussee 389 22523 Hamburg 0176 / 42 85 79 77	**Personenkreis**: Wohnungslose **Plätze**: 168 **Angebot**: Unterkunft, Beratung, Begegnungscafé, Kochen und Lebensmittelausgabe Hilfe bei Behördenangelegenheiten
Wohnunterkunft Holsteinischer Kamp in Barmbek Bezirk: Hamburg-Nord	Holsteinischer Kamp 51 22081 Hamburg 040 / 302 02 84 91	**Personenkreis**: Geflüchtete, Wohnungslose **Plätze**: 100 **Angebot**: Unterkunft, Beratung, Hilfe bei Behördenangelegenheiten, Begegnungscafé, Sport-, Spiel- und

		Kreativangebote, Natur und Handwerk
Wohnunterkunft Holstenkamp in Bahrenfeld Bezirk: Altona	Holstenkamp 113, Haus 7 22525 Hamburg 040 / 81 95 27 12	**Personenkreis**: Geflüchtete, Wohnungslose **Plätze**: 146 **Angebot**: Unterkunft, Beratung, Sport-, Spiel- und Kreativangebote, Kochen und Lebensmittelausgabe Sprachförderung und Hausaufgabenhilfe, Patenschaften
Wohnunterkunft Hornackredder in Eidelstedt Bezirk: Eimsbüttel	Hornackredder 22523 Hamburg 040 / 547 09 68 11	**Personenkreis**: Wohnungslose **Plätze**: 22 **Angebot**: Unterkunft, Beratung
Wohnunterkunft Hornkamp in Fuhlsbüttel Bezirk: Hamburg-Nord	Hornkamp 9-11 22335 Hamburg 040 / 50 02 46 22	**Personenkreis**: Wohnungslose **Plätze**: 83 **Angebot**: Unterkunft, Beratung, Kochen und Lebensmittelausgabe Hilfe bei Behördenangelegenheiten, Job- und Wohnungssuche
Wohnunterkunft Jenfelder Au in Jenfeld	Zur Jenfelder Au 8 a 22045 Hamburg	**Personenkreis**: Geflüchtete, Wohnungslose **Plätze**: 148

Bezirk: Wandsbek	040 / 609 23 87 32	**Angebot**: Unterkunft, Beratung
Wohnunter kunft Jugendpark- weg in Langenhorn Bezirk: Hamburg-Nord	Jugendparkweg 60 22415 Hamburg 040 / 51 30 48 83	**Personenkreis**: Geflüchtete, Wohnungslose **Plätze**: 363 **Angebot**: Unterkunft, Beratung, Sport-, Spiel- und Kreativangebote, Begegnungscafé, Ausflüge, Hilfe bei Behörden-angelegenheiten, Kochen und Lebensmittelausgabe Natur und Handwerk
Wohnunter kunft Kieler Straße Bezirk: Eimsbüttel	Kieler Straße 263-265 22525 Hamburg 040 / 530 03 69 22	**Personenkreis**: Geflüchtete, Wohnungslose **Plätze**: 308 **Angebot**: Unterkunft, Beratung
Wohnunter kunft Kielkoppel straße in Rahlstedt Bezirk: Wandsbek	Kielkoppelstraß e 16 c 22149 Hamburg 040 / 428 35 34 76	**Personenkreis**: Geflüchtete **Plätze**: 88 **Angebot**: Unterkunft, Beratung, Sprachförderung und Hausaufgabenhilfe
Wohnunter kunft Kirchenpauer- str. in HafenCity	Kirchenpauerstr . 30 a-k 20457 Hamburg	**Personenkreis**: Geflüchtete **Plätze**: 712 **Angebot**: Unterkunft, Beratung,

Bezirk: Hamburg-Mitte	040 / 307 01 61 03	Begegnungscafé, Patenschaften, Ausflüge, Sport-, Spiel- und Kreativangebote, Natur und Handwerk, Begegnungscafé
Wohnunter-kunft Kirchhofs-twiete in Wandsbek Bezirk: Wandsbek	Kirchhofstwiete 22043 Hamburg 040 / 642 01 19	**Personenkreis:** Geflüchtete, Wohnungslose **Plätze:** 38 **Angebot:** Unterkunft, Beratung
Wohnunter-kunft Krausestraße in Dulsberg Bezirk: Hamburg-Nord	Krausestraße 96a 22049 Hamburg 040 / 428 15 39 50	**Personenkreis:** Geflüchtete **Plätze:** 37 **Angebot:** Unterkunft, Beratung, Hilfe bei Behörden-angelegenheiten, Job- und Wohnungssuche, Natur und Handwerk
Wohnunter-kunft Kroonhorst in Lurup Bezirk: Altona	Kroonhorst 113 a-d, 115 a-e 22549 Hamburg 040 / 832 03 71	**Personenkreis:** Geflüchtete, Wohnungslose **Plätze:** 267 **Angebot:** Unterkunft, Beratung, Kochen und Lebensmittelausgabe Natur und Handwerk
Wohnunter-kunft Kurt-A.-Körber-	Kurt-A.-Körber-Chaussee 21033 Hamburg	**Personenkreis:** Geflüchtete **Plätze:** 36

Chaussee in Bergedorf Bezirk: Bergedorf	040 / 720 07 40 89	**Angebot**: Unterkunft, Beratung
Wohnunter-kunft Lademann-bogen in Hummelsbüttel Bezirk: Wandsbek	Lademannboge n 12-12 a 22339 Hamburg 040 / 539 30 03 92	**Personenkreis**: Geflüchtete, Wohnungslose **Plätze**: 158 **Angebot**: Unterkunft, Beratung, Begegnungscafé, Sport-, Spiel- und Kreativangebote, Hilfe bei Behörden-angelegenheiten
Wohnunter-kunft Ladenbeker Furtweg in Bergedorf Bezirk: Bergedorf	Ladenbeker Furtweg 180-188 21033 Hamburg 040 / 72 00 86 33	**Personenkreis**: Geflüchtete, Wohnungslose **Plätze**: 172 **Angebot**: Unterkunft, Beratung, Sprachförderung und Hausaufgabenhilfe, Kochen und Lebensmittelausgabe
Wohnunter-kunft Langelohhof in Eidelstedt Bezirk: Eimsbüttel	Kieler Straße (hinter Reichsbahnstr.) 22527 Hamburg 040 / 571 26 06	**Personenkreis**: Wohnungslose **Plätze**: 32 **Angebot**: Unterkunft, Beratung
Wohnunter-kunft Langenhorner	Langenhorner Chaussee 321	**Personenkreis**: Geflüchtete, Wohnungslose

Chaussee in Langenhorn Bezirk: Hamburg-Nord	22419 Hamburg 040 / 53 10 47 70	**Plätze**: 80 **Angebot**: Unterkunft, Beratung, Ausflüge, Hilfe bei Behörden-angelegenheiten, Patenschaften
Wohnunter-kunft Lewenwerder in Neuland Bezirk: Harburg	Lewenwerder 16 21079 Hamburg 040 / 303 92 68 11	**Personenkreis**: Geflüchtete, Wohnungslose **Plätze**: 308 **Angebot**: Unterkunft, Beratung, Sprachförderung und Hausaufgabenhilfe, Sport-, Spiel- und Kreativangebote, Job- und Wohnungssuche
Wohnunter-kunft Litzowstraße in Wandsbek Bezirk: Wandsbek	Litzowstraße 30 22041 Hamburg 040 / 28 80 69 14	**Personenkreis**: Geflüchtete, Wohnungslose **Plätze**: 120 **Angebot**: Unterkunft, Beratung, Job- und Wohnungssuche, Hilfe bei Behörden-angelegenheiten, Patenschaften
Wohnunter-kunft Lohkoppelweg in Lokstedt Bezirk: Eimsbüttel	Lohkoppelweg 12a 22529 Hamburg 040 / 52 01 45 94	**Personenkreis**: Geflüchtete **Plätze**: 38 **Angebot**: Unterkunft, Beratung

Wohnunter-kunft Luruper Hauptstraße in Bahrenfeld Bezirk: Altona	Luruper Hauptstraße 11 a-i 22547 Hamburg 040 / 414 22 73 29	**Personenkreis**: Geflüchtete **Plätze**: 399 **Angebot**: Unterkunft, Beratung **Freiwilliges Engagement**: Sprachförderung und Hausaufgabenhilfe, Hilfe bei Behördenangelegenheiten, Sport-, Spiel- und Kreativangebote, Natur und Handwerk, Begegnungscafé
Wohnunter-kunft Maienweg in Alsterdorf Bezirk: Hamburg-Nord	Maienweg 77 a, b, d-f, h-i 22297 Hamburg 040 / 429 47 38 21	**Personenkreis**: Geflüchtete, Wohnungslose **Plätze**: 195 **Angebot**: Unterkunft, Beratung, Begegnungscafé, Hilfe bei Behörden-angelegenheiten, Sport-, Spiel- und Kreativangebote
Wohnunter-kunft Mattkamp in Billstedt Bezirk: Hamburg-Mitte	Mattkamp 10 22117 Hamburg 040 / 897 08 02 23	**Personenkreis**: Geflüchtete, Wohnungslose **Plätze**: 385 **Angebot**: Unterkunft, Beratung, Begegnungscafé, Patenschaften,

		Sprachförderung und Hausaufgabenhilfe, Sport-, Spiel- und Kreativangebote
Wohnunterkunft Max-Brauer-Allee in Altona-Altstadt Bezirk: Altona	Max-Brauer-Allee (ganz oben) 22765 Hamburg 040 / 890 41 23	**Personenkreis**: Geflüchtete, Wohnungslose **Plätze**: 12 **Angebot**: Unterkunft, Beratung
Wohnunterkunft Meilerstraße in Farmsen-Berne Bezirk: Wandsbek	Meilerstraße 20-28 22159 Hamburg 040 / 428 35 28 14	**Personenkreis**: Geflüchtete **Plätze**: 348 **Angebot**: Unterkunft, Beratung
Wohnunterkunft Moosrosenweg in Bramfeld Bezirk: Wandsbek	Bramfelder Chaussee 131 22177 Hamburg 040 / 881 65 08 22	**Personenkreis**: Geflüchtete **Plätze**: 96 **Angebot**: Unterkunft, Beratung
Wohnunterkunft Neuenfelder Fährdeich in Neuenfelde Bezirk: Harburg	Neuenfelder Fährdeich 80 21129 Hamburg 040 / 756 63 88 20	**Personenkreis**: Geflüchtete **Plätze**: 308 **Angebot**: Unterkunft, Beratung, Begegnungscafé, Natur und Handwerk, Sport-, Spiel- und Kreativangebote, Ausflüge, Begegnungscafé, Job-

		und Wohnungssuche, Patenschaften, Sprachförderung und Hausaufgabenhilfe
Wohnunter-kunft Notkestraße in Bahrenfeld Bezirk: Altona	Notkestraße 105A 22607 Hamburg 040 / 89 70 97 91	**Personenkreis**: Wohnungslose **Plätze**: 100 **Angebot**: Unterkunft, Beratung, Begegnungscafé, Natur und Handwerk
2. Wohnunter-kunft Notkestraße in Bahrenfeld Bezirk: Altona	Notkestraße 25 22607 Hamburg 040 / 303 74 92 00	**Personenkreis**: Geflüchtete, Wohnungslose **Plätze**: 648 **Angebot**: Unterkunft, Beratung, Sprachförderung und Hausaufgabenhilfe, Begegnungscafé, Sport- Spiel- und Kreativangebote, Hilfe bei Behörden-angelegenheiten, Patenschaften
Wohnunter-kunft Opitzstraße in Winterhude Bezirk: Hamburg-Nord	Opitzstraße 19 22301 Hamburg 040 / 279 01 76	**Personenkreis**: Geflüchtete, Wohnungslose **Plätze**: 330 **Angebot**: Unterkunft, Beratung, Ausflüge
Wohnunter-kunft Osterbaum in	Osterbaum 48A 21079 Hamburg	**Personenkreis**: Geflüchtete, Wohnungslose

Wilstorf Bezirk: Harburg	040 / 76 89 97 49	**Plätze**: 12 **Angebot**: Unterkunft, Beratung
Wohnunter-kunft Papenreye in Groß Borstel Bezirk: Hamburg-Nord	Papenreye 36 22453 Hamburg 0176 / 42 85 31 34	**Personenkreis**: Geflüchtete, Wohnungslose **Plätze**: 399 **Angebot**: Unterkunft, Beratung
Wohnunter-kunft Paul-Stritter-Weg in Alsterdorf Bezirk: Hamburg-Nord	Paul-Stritter-Weg 22297 Hamburg 040 / 50 77 72 20	**Personenkreis**: Geflüchtete **Plätze**: 44 **Angebot**: Unterkunft, Beratung, Hilfe bei Behörden-angelegenheiten, Sport- Spiel- und Kreativangebote, Kochen und Lebensmittelausgabe
Wohnunter-kunft Pinneberger Straße in Schnelsen Bezirk: Eimsbüttel	Pinneberger Straße 44 22457 Hamburg 040 / 41 91 81 07	**Personenkreis**: Geflüchtete, Wohnungslose **Plätze**: 156 **Angebot**: Unterkunft, Beratung, Patenschaften, Sprachförderung und Hausaufgabenhilfe
Wohnunter-kunft Poppen-bütteler Weg in	Poppenbütteler Weg 3 22339 Hamburg	**Personenkreis**: Geflüchtete, Wohnungslose **Plätze**: 312

Hummelsbüttel Bezirk: Wandsbek	040 / 538 76 33	**Angebot**: Unterkunft, Beratung, Ausflüge, Begegnungscafé, Hilfe bei Behörden-angelegenheiten, Job- und Wohnungssuche, Kochen und Lebensmittelausgabe, Patenschaften, Sport-, Spiel- und Kreativangebote, Sprachförderung und Hausaufgabenhilfe
Wohnunter-kunft Rahel-Varnhagen-Weg in Neuallermöhe Bezirk: Bergedorf	Rahel-Varnhagen-Weg 12 – 24 21035 Hamburg 040 / 73 59 80 63	**Personenkreis**: Geflüchtete, Wohnungslose **Plätze**: 287 **Angebot**: Unterkunft, Beratung
Wohnunter-kunft Rahlstedter Straße in Rahlstedt Bezirk: Wandsbek	Rahlstedter Straße 8 22149 Hamburg 040 / 27 14 28 16	**Personenkreis**: Geflüchtete, Wohnungslose **Plätze**: 118 **Angebot**: Unterkunft, Beratung, Sport-, Spiel- und Kreativangebote, Natur und Handwerk, Patenschaften
Wohnunter-kunft Rodenbeker Straße in Bergstedt	Rodenbeker Straße 32 22395 Hamburg	**Personenkreis**: Geflüchtete **Plätze**: 364 **Angebot**: Unterkunft, Beratung,

Bezirk: Wandsbek	040 / 638 56 60 63	Sprachförderung und Hausaufgabenhilfe, Hilfe bei Behörden-angelegenheiten, Begegnungscafé, Patenschaften, Ausflüge
Wohnunter-kunft Rotbergfeld in Rönneburg Bezirk: Harburg	Rotbergfeld 100, 100 a – j 21079 Hamburg 0176 / 42 85 75 47	**Personenkreis**: Geflüchtete **Plätze**: 260 **Angebot**: Unterkunft, Beratung, Begegnungscafé, Natur und Handwerk, Sprachförderung und Hausaufgabenhilfe, Job- und Wohnungssuche, Patenschaften, Sport-, Spiel- und Kreativangebote, Kochen und Lebensmittelausgabe, Hilfe bei Behörden-angelegenheiten, Ausflüge
Wohnunter-kunft Sandwisch in Moorfleet Bezirk: Bergedorf	Sandwisch 66 22113 Hamburg 040 / 702 93 51 20	**Personenkreis**: Geflüchtete, Wohnungslose **Plätze**: 90 **Angebot**: Unterkunft, Beratung, Sprachförderung und Hausaufgabenhilfe,

		Ausflüge, Begegnungscafé
Wohnunter-kunft Schlenzig-straße in Wilhelmsburg Bezirk: Hamburg-Mitte	Schlenzigstraße 10, 10 a – f 21107 Hamburg 040 / 317 67 59 61	**Personenkreis**: Geflüchtete **Plätze**: 356 **Angebot**: Unterkunft, Beratung, Begegnungscafé, Sprachförderung und Hausaufgabenhilfe, Patenschaften, Hilfe bei Behörden-angelegenheiten
Wohnunter-kunft Sibeliusstraße in Bahrenfeld Bezirk: Altona	Sibeliusstraße 14-20 22761 Hamburg 040 / 890 41 23	**Personenkreis**: Geflüchtete, Wohnungslose **Plätze**: 232 **Angebot**: Unterkunft, Beratung, Sprachförderung und Hausaufgabenhilfe, Patenschaften, Sport-, Spiel- und Kreativangebote, Hilfe bei Behörden-angelegenheiten
Wohnunter-kunft Sieker Landstraße in Rahlstedt Bezirk: Wandsbek	Sieker Landstraße 11 22143 Hamburg 0176 / 42 85 52 90	**Personenkreis**: Geflüchtete **Plätze**: 56 **Angebot**: Unterkunft, Beratung, Hilfe bei Behörden-angelegenheiten

2. Wohnunterkunft Sieker Landstraße in Rahlstedt Bezirk: Wandsbek	Sieker Landstraße 61 22143 Hamburg 040 / 671 02 39 20	**Personenkreis:** Geflüchtete, Wohnungslose **Plätze:** 270 **Angebot:** Unterkunft, Beratung, Sprachförderung und Hausaufgabenhilfe
Wohnunterkunft Sieversstücken in Sülldorf Bezirk: Altona	Sieversstücken 3 22589 Hamburg 040 / 87 08 28 60	**Personenkreis:** Geflüchtete, Wohnungslose **Plätze:** 719 **Angebot:** Unterkunft, Beratung, Begegnungscafé, Sprachförderung und Hausaufgabenhilfe, Patenschaften, Natur und Handwerk, Sport-, Spiel- und Kreativangebote
Wohnunterkunft Sinstorfer Kirchweg in Sinstorf Bezirk: Harburg	Sinstorfer Kirchweg 61 a 21077 Hamburg 040 / 529 82 61 25	**Personenkreis:** Geflüchtete **Plätze:** 270 **Angebot:** Unterkunft, Beratung, Sprachförderung und Hausaufgabenhilfe, Begegnungscafé, Natur und Handwerk
Wohnunterkunft Sophienterrasse in	Sophienterrasse 1 a 20149 Hamburg	**Personenkreis:** Geflüchtete **Plätze:** 190

Harvestehude Bezirk: Eimsbüttel	040 / 413 30 49 12	**Angebot**: Unterkunft, Beratung, Patenschaften, Begegnungscafé
Wohnunter-kunft Spliedtring/ Horner Geest in Billstedt Bezirk: Hamburg-Mitte	Spliedtring 52 – 58 22119 Hamburg 040 / 653 13 26	**Personenkreis**: Geflüchtete, Wohnungslose **Plätze**: 130 **Angebot**: Unterkunft, Beratung **Gesucht**: Natur und Handwerk, Sport-, Spiel- und Kreativangebote, Sprachförderung und Hausaufgabenhilfe, Job- und Wohnungssuche, Hilfe bei Behörden-angelegenheiten, Kochen und Lebensmittelausgabe
Wohnunter-kunft Stader Straße in Heimfeld Bezirk: Harburg	Stader Straße 106a 21079 Hamburg 040 / 76 89 97 49	**Personenkreis**: Geflüchtete, Wohnungslose **Plätze**: 30 **Angebot**: Unterkunft, Beratung
Wohnunter-kunft Steilshooper Allee in Bramfeld	Steilshooper Allee 501 22179 Hamburg 040 / 870 85 97 64	**Personenkreis**: Geflüchtete, Wohnungslose **Plätze**: 231 **Angebot**: Unterkunft, Beratung,

Bezirk: Wandsbek		Sprachförderung und Hausaufgabenhilfe
Wohnunter-kunft Tessenowweg in Winterhude Bezirk: Hamburg-Nord	Tessenowweg 5 22297 Hamburg 040 / 219 01 17 20	**Personenkreis**: Geflüchtete, Wohnungslose **Plätze**: 492 **Angebot**: Unterkunft, Beratung, Sprachförderung und Hausaufgabenhilfe, Job- und Wohnungssuche, Patenschaften
Wohnunter-kunft Volksdorfer Grenzweg in Bergstedt Bezirk: Wandsbek	Volksdorfer Grenzweg 139 22359 Hamburg 040 / 645 39 55 81	**Personenkreis**: Geflüchtete, Wohnungslose **Plätze**: 170 **Angebot**: Unterkunft, Beratung, Sprachförderung und Hausaufgabenhilfe, Sport-, Spiel- und Kreativangebote, Begegnungscafé, Hilfe bei Behörden-angelegenheiten, Natur und Handwerk
Wohnunter-kunft Waidmann-strasse in Altona-Nord Bezirk: Altona	Waidmannstr. 35 a, b 22769 Hamburg 040 / 890 41 23	**Personenkreis**: Geflüchtete, Wohnungslose **Plätze**: 98 **Angebot**: Unterkunft, Beratung

Wohnunter-kunft Walddörfer Straße in Wandsbek Bezirk: Wandsbek	Walddörferstr. 91 22041 Hamburg 040 / 689 16 27 53	**Personenkreis**: Geflüchtete **Plätze**: 299 **Angebot**: Unterkunft, Beratung, Sprachförderung und Hausaufgabenhilfe, Sport-, Spiel- und Kreativangebote, Patenschaften, Hilfe bei Behörden-angelegenheiten, Job- und Wohnungssuche
Wohnunter-kunft Waldweg in Wandsbek Bezirk: Wandsbek	Waldweg 185 22359 Hamburg 040 / 600 73 23	**Personenkreis**: Geflüchtete, Wohnungslose **Plätze**: 168 **Angebot**: Unterkunft, Beratung, Sprachförderung und Hausaufgabenhilfe, Begegnungscafé, Patenschaften, Natur und Handwerk
Wohnunter-kunft Weddestraße in Horn Bezirk: Hamburg-Mitte	Weddestraße 28 22111 Hamburg 040 / 63 30 78 31	**Personenkreis**: Geflüchtete **Plätze**: 268 **Angebot**: Unterkunft, Beratung, Sport-, Spiel- und Kreativangebote, Natur und Handwerk, Job- und Wohnungssuche

Wohnunter-kunft Wegenkamp in Stellingen Bezirk: Eimsbüttel	Oldenburger Straße 76 a 22527 Hamburg 040 / 547 09 68 11	**Personenkreis**: Geflüchtete, Wohnungslose **Plätze**: 75 **Angebot**: Unterkunft, Beratung
Wohnunter-kunft Wendenstraße in Hamm Bezirk: Hamburg-Mitte	Wendenstraße 282 20537 Hamburg 040 / 24 19 59 54	**Personenkreis**: Geflüchtete, Wohnungslose **Plätze**: 164 **Angebot**: Unterkunft, Beratung, Begegnungscafé, Patenschaften
Wohnunter-kunft Wetternstraße in Harburg Bezirk: Harburg	Wetternstraße 6 21079 Hamburg 040 / 428 35 40 16	**Personenkreis**: Geflüchtete, Wohnungslose **Plätze**: 206 **Angebot**: Unterkunft, Beratung, Begegnungscafé, Sprachförderung und Hausaufgabenhilfe, Sport-, Spiel- und Kreativangebote, Natur und Handwerk
Wohnunter-kunft Winsener Straße in Sinstorf Bezirk: Harburg	Winsener Straße 219-225 21077 Hamburg 040 / 76 89 97 49	**Personenkreis**: Geflüchtete, Wohnungslose **Plätze**: 271 **Angebot**: Unterkunft, Beratung, Hilfe bei Behördenangelegenheit en, Patenschaften,

		Sprachförderung und Hausaufgabenhilfe, Natur und Handwerk, Sport-, Spiel- und Kreativangebote
Wohnunter-kunft Wohnschiff Transit in Harburg Bezirk: Harburg	Kanalplatz 14 21079 Hamburg 0173 / 632 70 46	**Personenkreis**: Geflüchtete, Wohnungslose **Plätze**: 216 **Angebot**: Unterkunft, Beratung, Ausflüge, Sport-, Spiel- und Kreativangebote, Natur und Handwerk
Wohnverbund Farmsen Bezirk: Wandsbek	August-Krogmann-Straße 109 22159 Hamburg 040 / 428 35 23 47	**Personenkreis**: Menschen mit psychischer Erkrankung **Angebot**: Wohngemeinschaft, Assistenz, Beratung, Ausflüge, Kochen und Lebensmittelausgabe, Sprachförderung und Hausaufgabenhilfe, Hilfe bei Behörden-angelegenheiten

**Notizen:

FSC
www.fsc.org
MIX
Papier aus ver-
antwortungsvollen
Quellen
Paper from
responsible sources
FSC® C105338